Freie Energie
für alle Menschen

Claus W. Turtur

Freie Energie für alle Menschen

Raumenergiemotor: Nachweis und Konzepte

KOPP VERLAG

1. Auflage Mai 2014
2. Auflage Dezember 2014
3. Auflage Mai 2022

Umschlaggestaltung: Stefanie Müller
Satz und Layout: opus verum, München

ISBN: 978-3-86445-116-4

Gerne senden wir Ihnen unser Verlagsverzeichnis
Kopp Verlag
Bertha-Benz-Straße 10
D-72108 Rottenburg
E-Mail: info@kopp-verlag.de
Tel.: (0 74 72) 98 06-10
Fax: (0 74 72) 98 06-11

Unser Buchprogramm finden Sie auch im Internet unter:
www.kopp-verlag.de

Inhalt

Vorwort

Meine Vision: Energie, die praktisch nichts kostet, die frei und überall für alle Menschen unbegrenzt verfügbar ist und die die Umwelt und die Gesundheit nicht belastet. Wir könnten damit sogar wieder unsere Umwelt reparieren. Für diese Vision habe ich

- die theoretischen Grundlagen dazu ausgearbeitet,
- diese fundamentale Theorie im Labor verifiziert,
- Pläne für leistungsstarke Raumenergiemotoren ausgearbeitet,
- alles publiziert, zum Wohle der Menschen.

Und nun komme ich nicht weiter, weil mir die Ressourcen fehlen, jene leistungsstarken Raumenergiemotoren zu bauen. Und niemand will mir diese Ressourcen zur Verfügung stellen. Die Menschen kaufen lieber weiter für über 20 Cent pro Kilowattstunde den Strom und machen damit die Umwelt kaputt. Warum eigentlich?

Ob ich je meine Vision realisieren kann, wird sich zeigen.

Wenn man mir die Möglichkeit dazu gibt, werde ich es tun.

Doch nach meinen bisherigen Erfahrungen wage ich ernsthaft zu bezweifeln, ob es Menschen gibt, die außer den Möglichkeiten auch noch den nötigen Weitblick dafür haben.

Es wäre schade, wenn die Menschheit diese Möglichkeit verspielt.

Meiner geliebten Ehefrau danke ich für die praktische Unterstützung beim Schreiben dieses Buches.

Ein Hinweis zur Sache

Das Buch ist allgemein verständlich geschrieben, nicht speziell für Fachleute. Stellen, an denen ich versehentlich zu sehr in den Fachjargon verfalle, sind durch Erläuterungen in den Anmerkungen unterlegt. Diese finden sich in Kapitel 5, am Ende des Buches, direkt nach dem Literaturverzeichnis. Ich danke dem Kopp Verlag, dass er mich auf die Idee gebracht hat, diese Erläuterungen anzufügen.

Prof. Dr. Claus W. Turtur

1 Einleitung

Freie Energie für alle Menschen – welch ein Traum! Das klingt ja fast wie »kostenlose Luft für alle Menschen«. Energie soll genauso kostenlos, jederzeit und überall verfügbar sein wie Luft. So wie das Atmen nichts kostet, so soll auch der Verbrauch von Energie nichts kosten. Und dann soll die Energie auch noch genauso umweltfreundlich sein wie das Atmen.

Unmöglich – sagen Experten!

Wir können doch nicht einfach die Preisschilder bei den Tankstellen abschrauben und die Stromzähler, die Gaszähler alle wegbringen. So einfach lösen wir das Energieproblem nun wirklich nicht!

Aber ohne Scherz: Möglich ist die kostenlose und freie Energie für alle Menschen. Sie fragen sich vielleicht, wie das gehen soll? Die Antwort ist ganz einfach, viel einfacher als die praktische Realisierung:

Es gibt eine bisher fast unbekannte, neue Energieform, sie heißt »Nullpunktsenergie elektromagnetischer Wellen des Quantenvakuums«, aber weil diese Bezeichnung im Fachjargon der Naturwissenschaften wie ein Zungenbrecher klingt, sagen wir kurz »Raumenergie« [1]. Es ist die Energie des leeren Raumes, das heißt der bloße Raum als solcher ist nicht leer, sondern er enthält sogar sehr viel Energie, oder besser gesagt, er ist Energie.

Wo ist der Unterschied zwischen der Aussage »Raum *enthält* Energie« und der Aussage »Raum *ist* Energie«?

Das ist nicht allzu kompliziert. Auch Materie, die eine Masse hat, *ist* Energie, nebenbei kann sie übrigens auch Energie *enthalten,* aber das ist ein anderes Thema. [2] Wir verstehen das so: Albert Einstein hat seinerzeit gesagt, dass Materie und Energie gleichwertig sind, und damit hat er die Aussage erklärt: »Materie ist Energie.« Und weil die beiden physikalischen Entitäten »Materie« und »Energie« gleichwertig sind, kann man sie ineinander umwandeln. Dafür hat Einstein die folgende (weithin bekannte) Gleichung geschrieben (1):

$$E = m \cdot c^2$$

Rechnet man den Faktor zwischen der Energie »E« und der Masse »m« aus, so erhält man (2):

$$c = 299792458\frac{m}{s} \Rightarrow \frac{E}{m} = c^2 = 89875517873681764\frac{m^2}{s^2} \Rightarrow c^2 = 24965422\frac{MWh}{kg}$$

Das heißt im Klartext: 1 kg Materie kann man in 24,9 Millionen MWh reine Energie umwandeln, oder in Kurzform: 1 kg Materie *ist* die Energie von 24,9 Millionen MWh. Nach der Umwandlung in Energie ist übrigens die Materie weg – verschwunden – eben in Energie umgewandelt. Das können wir uns ganz praktisch vorstellen: Wenn wir einen großen Vorrat an Kohle verbrennen (gemeint ist der Kohlenstoff), dann oxidieren wir den Kohlenstoff mit dem Sauerstoff der Luft, und dabei passiert die chemische Reaktion nach der Gleichung (3):

$$C + O_2 \rightarrow CO_2$$

Wenn wir jetzt so viel Kohlenstoff mit Sauerstoff verbrennen, dass 1 MWh frei wird, dann wiegt das Kohlendioxid nach der Verbrennung weniger als der elementare Kohlenstoff und der elementare Sauerstoff vor der Verbrennung zusammen, und zwar genau um so viel Kilogramm (4):

$$(1) \Rightarrow \Delta m = \frac{E}{c^2} = \frac{1\,MWh}{24965422\frac{MWh}{kg}} = 0.0000000400554\,kg$$

Das sind natürlich nur gut 40 Mikrogramm [3] für jede Megawattstunde an Energie, aber es ist so. Die Materie wurde in Energie umgewandelt. Die Verbrennung von Kohle oder ebenso von Benzin ist natürlich extrem ineffizient, und man muss viele Tonnen Benzin oder Kohle verbrennen, um die Energiemenge einer einzigen Megawattstunde freizusetzen. Und außerdem hat die Verbrennung den Nachteil, dass sie Rückstände hinterlässt, Abgase, die die Umwelt belasten. Um 40 Nanogramm an Materie in Energie umzuwandeln, muss man

Tonnen von Rückständen in die Umwelt bringen. Die Technologie ist jahrtausendealt (Lagerfeuer), aber genauso ineffizient wie die Technik damals.

Besonders gefährlich und problematisch sind die Rückstände von Kernkraftwerken. Wesentlich besser wäre es, wenn man die gesamte Materie ohne Rückstände komplett in Energie umwandeln könnte, denn dann gäbe es keine umweltschädigenden Rückstände, aber das geht nicht, zumindest nicht mit derzeit bekannten Technologien.

Aber: Wir können die Sache vergleichen mit der Umwandlung von Raum in Energie. Nicht nur Materie, sondern auch Raum ist Energie und kann umgewandelt werden. Der Proportionalitätsfaktor ist allerdings deutlich komplizierter als bei Albert Einstein. Der Umrechnungsfaktor wurde aufgeschrieben von Daniël Boer und Jan-Willem van Holten, sein Kehrwert lautet (5):

$$E = V \cdot \frac{45 m_e^4 c^5}{12 \cdot \alpha^2 h^3} \Rightarrow \frac{E}{V} = \frac{45 m_e^4 c^5}{12 \cdot \alpha^2 h^3} = 1{,}00122476 \cdot 10^{29} \frac{J}{m^3} = 27811798908199761 \frac{MWh}{Liter}$$

Auch das können wir im Klartext ausdrücken: 1 Liter Volumen des bloßen Raumes enthält 27 811 799 Milliarden Megawattstunden an Energie – oder besser gesagt, er *ist* diese Energie. Das sind etwas mehr als 27 Millionen Milliarden Megawattstunden. Für das riesengroße Universum ergibt das eine unvorstellbare Menge an Energie[4], deshalb bezeichne ich diese Energiequelle als unerschöpflich. Und das Beste ist, wir können den Raum ohne schmutzige Rückstände verheizen, also in nutzbare Energie umwandeln.

So wie wir beim Verbrennen von Benzin nur einen ganz kleinen Anteil der vorhandenen Materie in Energie umwandeln konnten, so können wir auch beim »Verheizen« von Raum nur einen ganz kleinen Anteil des vorhandenen Volumens nutzen, also in Energie umwandeln. Aber das macht nichts, denn der Raum lässt sich in so extrem viel Energie pro Volumeneinheit umwandeln, dass auch nur ein ganz kleines bisschen davon schon ausreicht, um viel mehr Energie zu erzeugen, als die Menschheit je verbrauchen könnte.

Abgesehen davon, dass diese Energie kostenlos für uns zur Verfügung steht, möchte ich die wichtigsten Vorteile für den Umweltschutz nochmals betonen: Es entstehen keine Rückstände. Wir bewegen uns unheimlich schnell durchs Universum, und wenn wir dann den vorbeiströmenden Raum ein wenig verändern, bleibt diese Veränderung nicht auf der Erde zurück, muss also nicht mühsam auf der Erde entsorgt werden. Das ist der Clou dabei: Die Raumenergie ist nicht nur absolut sauber – und kostenlos, weil der Raum, der aus dem Universum an uns vorbeiströmt, eben nichts kostet –, sondern die Raumenergie ist auch noch umweltfreundlich, gesundheitsverträglich, unerschöpflich (so groß wie das Universum selbst), überall und permanent verfügbar, für alle Menschen, zu jeder Zeit, also natürlich nachhaltig.

Spätestens jetzt werden die meisten Menschen neugierig und fragen »Wie kann ich mir die Raumenergie denn vorstellen – den kostenlosen Brennstoff aus dem Universum? Worum handelt es sich dabei? Was haben wir uns vorzustellen unter »Raumenergie«?

Anfassen können wir sie nicht, sehen auch nicht, trotzdem gibt es auf diese Frage eine relativ verständliche Antwort: Die Raumenergie können wir veranschaulichen als das Geschwisterchen der Solarenergie. Erläutern kann man das wie folgt: Wenn wir uns an den komplizierten Namen aus dem Fachjargon der Physik erinnern, die »Nullpunktsenergie elektromagnetischer Wellen des Quantenvakuums«, dann sehen wir den Begriff »elektromagnetische Wellen«. Licht besteht aus elektromagnetischen Wellen, aber die Raumenergie eben auch. Die elektromagnetischen Wellen bilden übrigens nur einen kleinen Anteil der gesamten Raumenergie, aber es ist eben genau derjenige Anteil, den ich im vorliegenden Buch erörtere und der für die Versorgung der Menschheit nutzbar ist. Und diese nutzbaren elektromagnetischen Wellen tragen als Namenszusatz die Vorsilbe »Nullpunkt«, also nennt man sie »elektromagnetische Nullpunktswellen«. Das Wörtchen »Nullpunkt« steht nämlich dafür, dass der Quantenzustand bei den Wellen der Raumenergie NULL ist, beim sichtbaren Licht hingegen ist der Quantenzustand EINS. So könnte man das Licht als elektromagnetische »Eins-Wellen« bezeichnen und die Raumenergie als elektromagnetische »Null-Wellen«. Den Quantenzustand beschreiben die Physiker übrigens auch nach Paul Adrien Maurice Dirac mit speziell symbolisierten Zahlen, nämlich als |0> und als |1>. Deswegen verstehen wir die Raumenergie und die Solarenergie als Geschwisterchen.[5]

Wichtig ist: Beide sind harmlos. Von der Solarenergie kann man schon mal einen Sonnenbrand bekommen, wenn man beim Baden am Meer die Sonnenmilch vergisst. Von der Raumenergie gibt es gar keine Nebenwirkungen. Seit Menschengedenken ist sie permanent um uns herum, ohne dass wir es merken. Ein bedeutsamer Vorteil der Raumenergie gegenüber der Solarenergie ist der, dass der Raum immer vorhanden ist, nicht nur tagsüber, wenn die Sonne scheint, und nicht nur draußen, wo die Sonne scheint. Das hat zur Folge, dass wir die Raumenergie auch nachts im Keller nutzen können und rund um die Uhr. Das ist sehr praktisch, denn wir brauchen dann keine Energiespeicherverfahren entwickeln wie zum Beispiel Akkus, die aus giftigen Substanzen bestehen und nach ein paar Jahren nicht mehr funktionieren. Aber noch viel praktischer ist die Tatsache, dass die Raumenergie eine wesentlich höhere nutzbare Energiedichte hat als die Solarenergie. Der Raum ist immer in voller Stärke vorhanden, aber vom Licht bekommen wir nur das bisschen, was die Sonne uns hier zusendet.

An die Werte von Millionen von Milliarden von Megawattstunden pro Liter Raum kommt die Solarenergie bei Weitem nicht heran. Im Idealfall liefert die Sonneneinstrahlung eine maximale Leistung von 1,4 kWh pro Quadratmeter Solarzellenfläche.[6] Heller strahlt die Sonne nicht. Aus Raumenergie gespeist hingegen ließe sich eine handliche Kiste bauen, etwa in der Größe einer Waschmaschine (oder geringfügig größer, wie etwa ein Würfel von 1m · 1m · 1m), die eine Leistung von 10 bis 20 Kilowatt bringt, und zwar rund um die Uhr. Und so könnte sie Raum in Strom verwandeln, diese Kiste – tagein, tagaus, egal ob sie im dunklen Keller steht oder draußen an der frischen Luft, und dies ohne jegliche Umweltverschmutzung und ohne Gesundheitsrisiken. Wenn die Solarzelle einmal vorhanden ist, dann läuft sie kostenlos, das Gleiche macht der Raumenergiekonverter. Und arg teuer in der Anschaffung ist der Raumenergiekonverter auch nicht, nur etwa vergleichbar teuer wie ein Elektromotor gleicher Leistung, den man zum Beispiel im Baumarkt kaufen kann. Was kostet eine Bohrmaschine, die 1 Kilowatt leistet? Nun: Ein Raumenergiekonverter mit gleicher Leistung liegt etwa vergleichbar im Preis, und dieser Preis lässt sich mühelos auf beliebige Maschinengrößen hochrechnen.[7] Ein Elektromotor mit 10 Kilowatt für vielleicht 1000 oder 2000 Euro und ein Raumenergiekonverter im gleichen Preisniveau, das ist eine realistische Vorstellung.

Das Buch, das Sie jetzt in Händen halten, ist also ein Buch für Umweltschützer, aber es ist auch für all diejenigen, die gerne mit einmalig 2000 Euro ihre gesamten Strom- und Heizkosten und ebenso die Benzinrechnung der nächsten 20 bis 30 Jahre erledigt haben möchten. Das sind alles zusammen noch nicht einmal 100 Euro im Jahr, und auch Autos können mit Raumenergie fahren. Somit ist dieses Buch all denjenigen gewidmet, die mobil bleiben und dabei gerne die Umwelt gründlich schonen wollen sowie gleichzeitig reichlich Geld sparen möchten.

2
Literaturarbeit: Forschungen zur Raumenergie

Wenn wir ein derartig komplexes Thema angehen wie das der Raumenergie, das eine Neugestaltung der Energieversorgung der Menschen im Allgemeinen zur Folge hat, dann ist mit Sicherheit zu erwarten, dass es schon zahlreiche Referenzen und Erkenntnisse in der Literatur und im Internet gibt. Und da das Thema noch nicht fertig erforscht ist, sollte man eigentlich denken, dass es auch an den Universitäten reichlich Forschungsarbeit zum Thema gibt. Doch weit gefehlt: Es gibt natürlich zahlreiche Arbeiten zum Thema der Raumenergie, die findet man auch im Internet, und zwar so zahlreich, dass es praktisch menschenunmöglich ist, sich einen auch nur einigermaßen vollständigen Überblick zu verschaffen.

Aber: Das alles passiert außerhalb der offiziell geförderten Forschungslandschaft. Innerhalb der offiziellen Hochschullandschaft wird das Thema der Raumenergie derart stiefmütterlich behandelt, zumeist bewusst ignoriert, dass ich zum ersten Mal davon hörte, als ich bereits Physikprofessor war. Als Student oder als Doktorand an der Universität hatte ich nie davon gehört. Im Studium wird das Thema Raumenergie gar nicht angesprochen. Es existiert schlichtweg nicht. Warum das Thema der Raumenergie an Universitäten so konsequent verschwiegen wird, darüber kann man nur Mutmaßungen anstellen, von denen ich einige publiziert habe.

Da es sich dabei nur um einen Analogievergleich handelt, der von einem Kollegen der Fachrichtung Psychologie[8] an mich herangetragen wurde, will ich an dieser Stelle nicht detailliert darauf eingehen. Nur so viel sei erwähnt: Einstmals lebten auf Grönland Wikinger, die kurz vor dem Jahr 1000 n. Chr. dort eingewandert sind. Sie betrieben Ackerbau und Viehzucht und lebten sehr im Stil ihrer europäischen Festlandsverwandten, der Wikinger aus der Region des heutigen Dänemark. Aber nach ein paar 100 Jahren gab es einen Klimawandel, bei dem Grönland um circa 4 °C abkühlte, was wiederum den Ackerbau unmöglich machte und infolgedessen die Tiere und schließlich auch die Menschen verhungern ließ. Die Wikinger auf Grönland lagen dann schlicht und ergreifend verhungert herum, also tot. Hätte man den geistigen Weitblick gehabt, mal mit den Nachbarn zu sprechen und zu schauen, wie diese leben, dann hätte man überhaupt kein Problem gehabt. Die Nachbarn, das waren die Inuit, die schon seit Jahrtausenden auf Grönland lebten und mit der Klimaverschiebung mühelos zurechtkamen. Aber die Dogmatik in den Köpfen der Wikinger war zu groß, als dass man sich mit den Inuit hätte einlassen können, und so war es leichter zu sterben, als umzudenken.

Ich wünschte mir, die Menschen hätten bis heute etwas daraus gelernt und würden sich besser verhalten – aber wirklich sicher bin ich mir da nicht. Die Dogmatik, die eine Beschäftigung mit der Raumenergie verhindert, sitzt immer noch extrem fest und tief in den Köpfen der Experten, besonders in den Köpfen der meisten Physiker, die dann das Thema der Raumenergie ignorieren und nur auf Rückfrage darüber sprechen. Und wenn sie sprechen, dann erklären sie allen anderen Menschen, dass es keinen Sinn hat, sich mit der Raumenergie zu befassen, weil man das nicht ernst nehmen könne. Vermutlich wäre es einem Wikinger, der seinen Zeitgenossen erklären hätte wollen, mit den Inuit zu sprechen, ähnlich ergangen.[9]

Wie auch immer, während meines Studiums, während meiner Doktorarbeit und während einiger darauffolgender Jahre der Industrietätigkeit als Physiker hatte ich keinerlei Ahnung davon, dass es so etwas wie Raumenergie geben könnte, noch nicht einmal den Begriff hatte ich gehört. Als ich dann Professor geworden war, suchte ich mir ein Forschungsgebiet aus und kam, wie durch unsichtbare Zauberhand geführt, an das Thema einer neuen Energiequelle heran, weil ich bemerkte, dass die »Nullpunktsenergie elektromagnetischer Wellen des Quantenvakuums« technisch nutzbar ist. Und als ich dies bereits theoretisch ausgearbeitet und überdies auch noch im Universitätslabor handfest bewiesen hatte, wollte ich es publizieren, doch die meisten Fachzeitschriften ignorierten mich zunächst. Noch bis zu diesem Zeitpunkt hatte ich den Begriff der »Raumenergie« nie gehört, doch dann kam eine mir bis dato völlig unbekannte, sogenannte Raumenergiegemeinde auf mich zu und schlug mir vor, Vorträge zu meinem Thema zu halten. Und erst bei dieser Gelegenheit erfuhr ich, dass es außerhalb der offiziellen Universitätslandschaft durchaus ein sehr weit fortgeschrittenes Wissen zum Thema »Raumenergie« gibt und dass sogar schon funktionierende leistungsstarke Raumenergiekonverter mit offiziellen Prüfgutachten existieren, unter anderem sogar vom TÜV Rheinland (Hinweise siehe zum Beispiel: [Ter 08], [Lut 10]). Von derartigen Geräten werde ich weiter unten im Buch erzählen.

Warum sehr viele Physiker zu diesem Thema so konsequent schweigen, war mir zu jenem Zeitpunkt übrigens noch völlig unverständlich, und eigentlich ist dieses Unverständnis bis heute nicht gänzlich von mir gewichen. Es sind nicht alle Physiker, nur die meisten, die zu diesem Thema schweigen. So hat zum Beispiel das weltberühmte Spitzeninstitut MIT (das Massachusetts Institute of Technology) [10] eine Arbeit zur »Overunity«, also zu einem Wirkungsgrad von über 100 Prozent in Bezug auf klassische Energieformen, [11] in einer der führenden Fachzeitschriften der Physik publiziert. Dabei handelt es sich um kleine Leuchtdioden mit einem Wirkungsgrad sogar etwas oberhalb von 200 Prozent (Literaturhinweis: [MIT 12]). Doch wie wenig Gehör sogar die Fachkollegen dieses führenden Weltspitzeninstituts finden, selbst in der Fachwelt, kann man erkennen, wenn man bei einer Internetanfrage an die [ehemalige] Bundeskanzlerin, in der Rubrik »Direkt zu Merkel«, die Antwort des Presse- und Informationsamts der Bundesregierung liest, die die folgende Formulierung enthält: »Seit vielen Jahren bereits wird das Phänomen der ›Raumenergie‹ diskutiert. Bis heute fehlt ein belastbarer und generell anerkannter Nachweis, dass sich damit nutzbare Energie gewinnen lässt.« [Wan 12] Bei diesem Quellennachweis, der im Anhang gemeinsam mit vielen anderen Verweisen genannt ist, findet sich auch der Internetlink zu jener Anfrage.

Oft ist mir das große Schweigen vieler Kollegen durch den Kopf gegangen, und ich habe einen Grund gesucht. Vielleicht habe ich mit den nachfolgenden Worten einen Ansatz gefunden, daher habe ich diesen Gedankengang zuweilen bei öffentlichen Vorträgen geäußert: »Wissenschaftler stehen im Ruf, wissend zu sein. Um ihren guten Ruf nicht zu gefährden, befassen sie sich mit Dingen, die sie wissen, und vermeiden Themen, von denen sie nichts wissen. Deshalb beschränkt sich die Wissenschaft auf bekannte Fakten und verhindert unbekanntes Neues.« Über andere mögliche Gründe werde ich im weiteren Verlauf des Buches auch noch mutmaßen.

Zu einer sehr drastischen Ansicht zu genau diesem Problem kam Max Planck, einer der vielgerühmten Väter der Quantentheorie: »Eine neue wissenschaftliche Wahrheit pflegt sich nicht in der Weise durchzusetzen, daß ihre Gegner überzeugt werden und sich als belehrt erklären, sondern vielmehr dadurch, daß ihre Gegner allmählich aussterben und daß die heranwachsende Generation von vornherein mit der Wahrheit vertraut gemacht ist.« [Pla 48] Jemand muss arg gelitten haben, bis er eine solche harte Formulierung findet wie Max Planck.

Und wahrscheinlich hatte auch der große alte Mahatma Gandhi recht, als er sagte: »Erst ignorieren sie dich, dann lachen sie über dich, dann bekämpfen sie dich, dann hast du gewonnen.«

Speziell zum Thema der Raumenergienutzung sagte bereits Werner Heisenberg, es sollte möglich sein, den Magnetismus als Energiequelle zu nutzen, und er fügte hinzu: »Aber wir Wissenschaftsidioten schaffen es nicht; das muss von Außenseitern kommen.« Da kann ich nur hinzufügen: Schade, dass man Außenseitern das Leben so schwer macht! Besonders schade aber ist, dass man den Außenseitern keine Ressourcen zur Verfügung stellt, um erfolgversprechende Forschungsarbeiten durchzuführen.

Aber ich möchte nun meinen Gedanken vom Beginn des zweiten Kapitels wieder aufnehmen und von Literaturreferenzen erzählen, und zwar von zweierlei Arten der Literaturquellen – einerseits von solchen innerhalb der offiziellen Forschungslandschaft (diesen widme ich Abschnitt 2.1) und andererseits von solchen außerhalb dieses hoch bezahlten Fachgebiets (denen ich Abschnitt 2.2 widme).

2.1 Literaturwissen innerhalb der offiziellen Forschungslandschaft

Zu den zahlreichen bekannten Aussagen der Quantenmechanik gehört auch die Tatsache, dass ein Pendel niemals zur Ruhe kommen kann, also niemals stillsteht, wenn es denn so mikroskopisch klein ist wie die Objekte der Quantentheorie. Natürlich muss man ein makroskopisch großes Pendel, wie etwa bei einer Uhr, immer noch aufziehen, aber ein mikroskopisch kleines Quantenpendel eben nicht. Ein solches kann grundsätzlich nie stillstehen.

Physiker kommen da wieder auf die Quantenzustände zu sprechen, die wir in der Einleitung schon angesprochen hatten. Die Energie »E« des Pendels berechnen Physiker dann aus deren Quantenzustand, und zwar gemäß (6):

$$E = \left(n + \frac{1}{2}\right)\hbar\omega$$

Und diese Energie ist eben nicht null, sogar dann nicht, wenn man den Quantenzustand n=0 einsetzt. Für beide Geschwister, für n=0 ebenso wie für n=1, ist die Energie niemals null. Die Energie im Quantenzustand Null heißt Nullpunktsenergie, auf Englisch »Zero-point energy«. [12]

Das ist der Trick: Das Quantenmechanische Pendel kann nicht stillstehen – es ist so, als ob die Uhr niemals ablaufen könnte. Und daraus lässt sich nun eine Uhr antreiben. Das ist das Wandeln der Nullpunktsenergie (= Raumenergie).

Die Bezeichnung der Energie im Quantenzustand n=0 als Nullpunktsenergie gilt innerhalb der Physik als Allgemeinwissen, und dass diese Energie in jedem harmonischen Oszillator (ein Pendel ist fast [13] ein solcher in physikalischer Sprache) vorhanden ist, ebenso. Also: Es gibt Energie im Quantenvakuum, allerdings streiten die Physiker noch immer darüber, wie viel Energie dort ist. Astrophysiker behaupten, dass es ziemlich wenig ist, zum Beispiel ungefähr so etwa 0,000 000 000 9 Joule/m^3. Quantentheoretiker vermuten hingegen ungeheuer viel Energie. Albert Einstein hat versucht auszurechnen, wie viel Energie da ist. Er kommt auf riesige Werte, so etwa im Bereich von $3{,}32 \cdot 10^{113}$ J/m^3, also eine Drei mit 113 Nullen hintendran. Boer kommt auf eine Eins mit 29 Nullen, wie in Gleichung (5) in der Einleitung bereits erwähnt, aber dies ist nur der Anteil der elektromagnetischen Wellen, also nur ein kleiner Teil der Raumenergie. Die Fachwelt bezeichnet die Uneinigkeit über die Menge der Energie im Quantenvakuum, das heißt im bloßen Raum, als die größte Diskrepanz, die die Physik je hatte. Tatsächlich stimuliert diese offene Frage eine gewisse Anzahl von Physikern zu weitergehenden Untersuchungen, aber man fragt nur, wie viel Energie vorhanden ist – ob man diese nutzen kann, so weit sind wir noch lange nicht, darüber wird praktisch nicht diskutiert. Die Meinung ist die: Wenn wir noch nicht einmal wissen, wie viel Energie da ist, dann ist es noch viel zu früh, um darüber nachzudenken, ob man damit etwas anfangen kann oder nicht.

Was für ein einziges Pendel gilt, gilt auch für Wellen. Das ist nicht a priori klar, aber es wurde bewiesen. Wellen lassen sich veranschaulichen als Schwingungen, die sich über sehr viele Oszillatoren ausbreiten. Ein Beispiel dafür ist ein See, in den jemand einen Stein wirft. Jeder kennt so etwas: Auf der Oberfläche breiten sich dann Wellen aus, weil sehr viele Wassertröpfchen anfangen zu schwingen. Jedes einzelne Wassertröpfchen ist in diesem Sinne ein Oszillator, und weil alle gemeinsam miteinander in einer gewissen Ordnung schwingen, erkennen wir Wellen. Ähnlich ist es auch mit dem Licht (das heißt mit den »Eins«-Wellen im Vakuum), und genauso auch mit den Nullpunktswellen im Vakuum. Die laufen auch alle durch den Raum, und zwar, wie wir aus der Beobachtung des Lichts wissen, mit Lichtgeschwindigkeit. Alle Oszillatoren, die ja bekanntlich grundsätzlich nie zur Ruhe kommen können, sind miteinander verbunden und können deshalb nicht für sich allein schwingen, sondern schwingen gemeinsam, und zwar so geordnet, dass es Wellen gibt. [14]

Wenn wir also etwas mit den Nullpunktswellen anfangen wollen, dann genügt nicht die bloße Bedingung, dass jeder einzelne Oszillator niemals zur Ruhe kommen kann, sondern es muss auch die Bedingung gelten, dass die Wellen insgesamt niemals zur Ruhe kommen, also die gemeinsamen Schwingungen, die in geordneter Form sehr viele Oszillatoren durchlaufen. Und genau das ist der Fall: Hendrik Brugt Gerhard Casimir hat dies 1948 aus der Quantentheorie heraus postuliert und damit den Casimir-Effekt theoretisch begründet (siehe [Cas 48]). Ähnlich wie ein Wellenkraftwerk die Energie aus Wasserwellen nutzt, so nutzt ein Raumenergiekonverter die Energie der elektromagnetischen Wellen des Quantenvakuums.

Casimirs Aussage ist die, dass zwei parallel zueinander angeordnete Platten eine unsichtbare Kraft aus dem Nichts erfahren, die die Platten zueinander hin drückt. Der Grund liegt darin, dass die Nullpunktswellen Druck auf die Metallplatten ausüben, und nun ist es so, dass die Metallplatten in ihrem Innenraum einige der Nullpunkts-

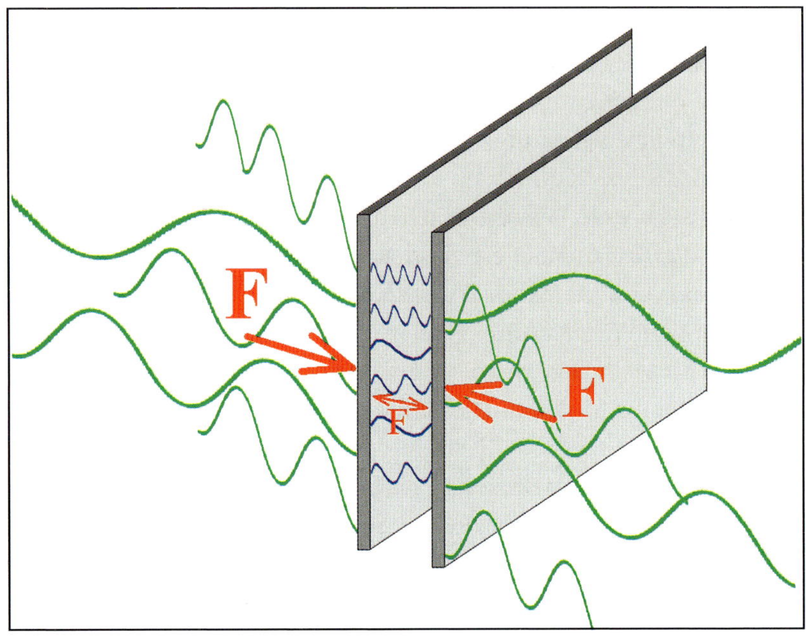

wellen ausblenden, nämlich die, die in blauer Farbe gezeichnet sind (sogenannte Stehwellen [15]), wohingegen im Außenraum alle Nullpunktswellen auf die Metallplatten drücken.

Da nun innen (zwischen den Platten) etwas Druck fehlt (nämlich der Druck derjenigen Wellen, die als Stehwellen laufen), der im Außenraum aber vorhanden ist, ist der Druck von außen größer als der Gegendruck von innen, sodass die beiden Metallplatten zueinander hin gedrückt werden. Wenn man nun diesen Druck messen könnte, indem die beiden Metallplatten zueinander hinliefen, dann wäre bewiesen, dass aus dem leeren Raum tatsächlich Kräfte entnommen werden können, die Materie sichtbar bewegen. Und wenn man nun Materie mit Kräften aus dem Vakuum sichtbar bewegen könnte – und zum Bewegen braucht man Energie –, dann müsste es im leeren Raum eine solche Energie geben. Das wäre ein trefflicher Nachweis der Nullpunktsenergie im leeren Raum. Und tatsächlich, es gelingt. Wir besprechen das nachfolgend.

49 Jahre lang hat man Herrn Casimir dafür ausgelacht, dass er eine so abenteuerliche These aufgestellt hat. Die Fachkollegen meinten, Herr Casimir würde die Quantentheorie gewaltig überinterpretieren, wenn er so etwas postuliert. Aber nach 49 Jahren kam Steve Lamoreaux von der amerikanischen Eliteuniversität Yale und hat den Casimir-Effekt handfest experimentell im Labor bewiesen. Sogar das Ausmaß der Kraft, nach der sogenannten Casimir-Formel, hat Lamoreaux messtechnisch bestätigt, und damit hat er Casimir zur Akzeptanz verholfen. Die Casimir-Formel lautet (7):

$$F = \frac{A \cdot hc\pi}{480\, d^4}$$

mit F = Kraft, A = Plattenfläche, d = Plattenabstand.

Und weil die Kraft sich genau mit demjenigen Wert ergeben hat, den Casimir postuliert hat, geht man seither davon aus, dass seine Theorie richtig ist, dass die sogenannten Casimir-Kräfte zwischen den Metallplatten also tatsächlich von den Nullpunktswellen des Quantenvakuums verursacht werden.

Damit ist nicht nur quantentheoretisch postuliert, sondern auch praktisch im Labor bewiesen, dass es im Quantenvakuum (in dem für uns leeren Raum) sogenannte Nullpunktswellen gibt, die tatsächlich Kräfte ausüben und Energie abgeben können.

Die Situation erinnert sehr an die des Herrn Evangelista Torricelli im Jahr 1643. Der hat damals postuliert, dass der leere Raum gar nicht leer ist, sondern Luft enthält. Das war den Menschen damals nicht begreifbar. Und wenn man aus einem Gefäß die Luft herauspumpt, also einfach abpumpt, dann spüren die Gefäßwände von innen weniger Druck als von außen, und das Gefäß wird zusammengedrückt. Nur 14 Jahre später, nämlich anno 1657, hat Otto von Guericke in Magdeburg dies mit seinen berühmten Magdeburger Halbkugeln sehr eindrucksvoll demonstriert, weil diese im evakuierten Zustand von der Außenluft so stark zueinander hin gedrückt wurden, dass der Luftdruck der Zugkraft zweier Pferde standhalten konnte. Also:

1. Aus einer Flasche pumpen wir die Luft ab und sehen, dass sie zusammengedrückt wird.
2. Zwischen zwei Metallplatten pumpen wir die Nullpunktswellen ab und sehen, dass die beiden zusammengedrückt werden.

Das alles führt zu einem sehr klaren Erkenntnisgewinn, denn wir sehen, wie offensichtlich die Kräfte aus dem Quantenvakuum tatsächlich etwas bewegen und bewirken können. Der Casimir-Effekt funktioniert übrigens nur bei mikroskopisch kleinen Abständen zwischen den Metallplatten, aber dort ist er unvermeidbar.[16] Deshalb hatte die Computerindustrie riesengroßes Glück, dass der Casimir-Effekt seit 1997 akzeptiert wird, denn seit etwa 2005 ist die Miniaturisierung der Fertigung von Mikrochips so weit fortgeschritten, dass die mikroskopisch kleinen Abstände zwischen den elektronischen Bauelementen die Berücksichtigung der Casimir-Kräfte in der praktischen Computerherstellung erforderlich machen. Damit haben die Kräfte aus dem Quantenvakuum erstmals handfeste praktische Anwendungsbedeutung erlangt; ich mag es mit den Worten der Physikerkollegin Frau Lambrecht zitieren: »Das Vakuum kommt zu Kräften: Der Casimir-Effekt« [Lam 05].

Bisher haben wir nur über den Nachweis der Nullpunktsenergie des Quantenvakuums im Wellenbild der Physik gesprochen. Deshalb war von den elektromagnetischen Wellen im Quantenvakuum die Rede. Nun weiß alle Welt, dass es möglich ist, kleine Quantenobjekte wahlweise im Wellenbild oder im Teilchenbild zu beschreiben.[17] Bekannt ist diese Dualität unter dem Namen Welle-Teilchen-Dualismus oder ebenso umgekehrt Teilchen-Welle-Dualismus. Wenn dem so ist, dann müsste eigentlich die Nullpunktsenergie des Quantenvakuums nicht nur im Wellenbild auftauchen wie bei Casimir, sondern auch im Teilchenbild erklärbar sein. Dass dies der Fall ist, hat Richard P. Feynman bewiesen, der Vater der Quantenelektrodynamik, und er hat einen Nobelpreis dafür bekommen.

Von Vakuumpolarisationsereignissen[18] ist bei ihm die Rede, denn Feynman hat bewiesen, dass der leere Raum die Eigenschaften eines Mediums besitzt, welches Polarisation zeigt. Ohne die physikalischen Hintergründe dieser hochkomplexen Eigenschaften des leeren Raumes näher beleuchten zu wollen, sei erwähnt, dass Feynman zur Beschreibung dieses speziellen Verhaltens des bloßen Raumes seine sogenannten Feynman-Graphen entwickelt hat, mit deren Hilfe er seine Feynman-Integrale lösen kann.

Auch dies ist wiederum eine wunderbare Bestätigung für die Tatsache, dass es in dem für unsere Wahrnehmung vermeintlich leeren

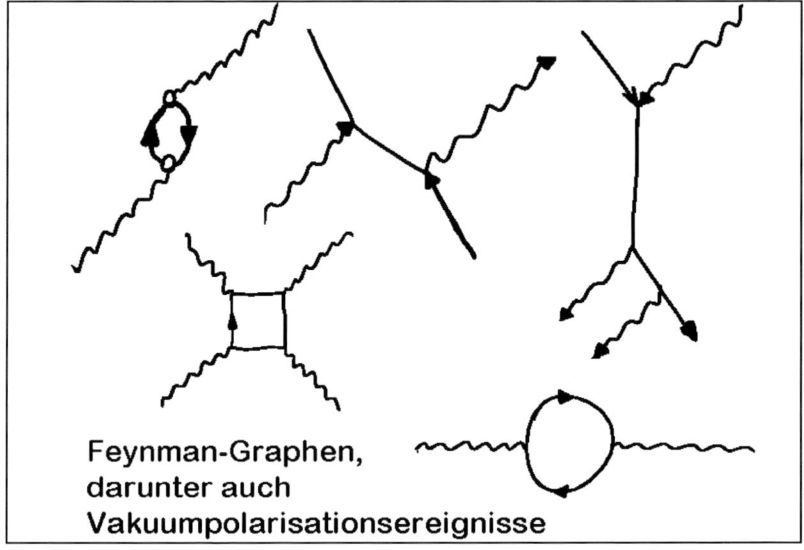

Feynman-Graphen, darunter auch Vakuumpolarisationsereignisse

Raum noch eine Menge Dinge gibt, die wir bloß deshalb nicht bemerken, weil wir schlichtweg keinen Wahrnehmungssinn dafür haben. Man riecht sie nicht, man hört sie nicht, man tastet sie nicht, man sieht sie nicht … und dennoch sind sie da, die Objekte des Quantenvakuums. Und im Falle des Richard Feynman haben sie auch handfeste Labormessergebnisse erzeugt. Eines davon ist zum Beispiel in die Physikgeschichte eingegangen unter dem Namen der »Anomalie des magnetischen Moments des Elektrons«. Diese Anomalie ist aber inzwischen nicht nur bei Elektronen nachgewiesen, sondern auch bei anderen Elementarteilchen. Feynman hat den Nobelpreis für seine Theorie der Quantenelektrodynamik auch deshalb bekommen, weil die von ihm theoretisch vorhergesagten Messergebnisse experimentell extrem genau bestätigt wurden. Die Messungen zum Nachweis seiner Theorie gehören zu den genauesten Messungen, die die Menschheit je durchgeführt hat – und sie bestätigen die Quantenelektrodynamik mit verblüffender Präzision.

Es führt kein Weg daran vorbei, dass die unsichtbaren Objekte des Quantenvakuums, die wir unter dem Begriff der »Raumenergie« zusammenfassen, nicht nur existieren, sondern auch handfest im Labor bewiesen wurden. Um es mit den Worten des Philosophen Arthur Schopenhauer zu beschreiben: »Jeder Mensch hält die Grenzen des eigenen Gesichtsfelds für die Grenzen der Welt.« Manchmal wird er auch abgewandelt zitiert: »Der Mensch hält immer die Grenzen seines eigenen Verstandes für die Grenzen des Universums.« Das heißt doch nichts weiter, als dass die Menschen das, was sie aufgrund ihrer beschränkten Sinne nicht wahrnehmen können, und das, was sie aufgrund ihres beschränkten Geistes nicht denken können, schlichtweg für inexistent halten.

Das ist sehr schade, denn aus Messungen der experimentellen Astrophysik wissen wir, dass die Menschheit den größten Teil des Universums nicht wahrnehmen kann. Die menschlichen Sinne sind so gebaut, dass sie nur einen sehr kleinen Teil des Universums überhaupt erkennen können. Betrachten wir allein das Spektrum der klassischen elektromagnetischen Wellen, dann können wir sagen, dass für unsere Augen nur ein sehr kleiner Ausschnitt davon sichtbar ist, nämlich das sichtbare Licht, und dass ein weiterer Ausschnitt als Wärmestrahlung wahrgenommen werden kann, während der größte Teil überhaupt nicht bemerkt wird. Die fehlende menschliche Wahrnehmung ist übrigens ein großes Problem für die Akzeptanz der Raumenergieforschung: Weil man die Raumenergie nicht sehen, fühlen oder hören kann, glauben viele Menschen nicht an sie. Das wäre etwa so, als würde man sagen: Weil man Funkwellen nicht hören kann, glauben wir nicht an Radiowellen. Um Radiowellen zu hören, braucht man ein Radiogerät, und um Raumenergiewellen zu sehen, braucht man einen Raumenergiekonverter.

Nachdem wir aber schon einige physikalische Beweise für die Existenz der Raumenergie gesehen haben, haben sich die Kollegen aus der experimentellen Astrophysik an die Arbeit gemacht und eine Messung durchgeführt, die uns verrät, welchen Anteil des Universums (und des Raumes im Allgemeinen) wir mit unseren Sinnen wahrnehmen können und welchen Anteil wir nicht sinnhaft erfassen. Zu den sichtbaren Dingen gehören all diejenigen Objekte, die wir explizit mit den menschlichen Wahrnehmungssinnen erfassen können. Das sind etwa 4,6 bis 4,7 Prozent der Welt, größer ist der Anteil nicht. Die restlichen gut 95 Prozent bilden das, was die Kollegen der Astrophysik unter dem Namen »dunkle Energie« und »bisher nicht entdeckte Teilchen« zusammenfassen. [Wik 14] Das Wörtchen dunkel wurde nur deshalb von den Fachleuten an dieser Stelle eingesetzt, weil es sich um Objekte handelt, die wir nicht sehen können – und im Dunklen können wir eben nichts sehen. Einen weiter darüber hinausgehenden Tiefsinn hat das Wörtchen dunkel in diesem Zusammenhang nicht. Ebenso gut können wir all das, was wir nicht sehen können, auch unter dem Namen Raumenergie zusammenfassen. Aber – und das ist der entscheidende Knackpunkt: Gut 95 Prozent unserer Welt sind für uns nicht mit unseren Sinnen wahrnehmbar.

Woher wissen wir eigentlich, dass es über 95 Prozent der gesamten Welt sind, die uns erst in allerjüngster Zeit (nach ganz aufwendigen Untersuchungen) auffallen? Welche aufwendigen Untersuchungen stecken dahinter? Es sind dies raffinierte, ausgeklügelte Messungen, namentlich zur beschleunigten Expansion des Universums. Es ist nämlich so: Unser Universum expandiert, wird immer größer im Laufe der Zeit, das heißt, die Sterne und die Galaxien fliegen voneinander weg. Nun wirkt aber zwischen allen Massen und Körpern die Gravitation (Schwerkraft), die eine anziehende Kraft ist, die also die Massen zueinander hinzieht. Wir kennen das auch von Erde, Mond und Sonne, die sich aufgrund der Gravitation gegenseitig anziehen. Und weil sich die Sterne und Galaxien gegenseitig anziehen, müsste der Schwung, den sie beim Flug voneinander weg haben (aufgrund der Expansion des Universums), permanent ein wenig abgebremst werden. Das heißt, dass die Geschwindigkeit, mit der sich das Universum ausdehnt, im Laufe der Zeit immer mehr abnehmen müsste. Da die Sterne und die Galaxien gegen deren Schwerkraft anlaufen (sozusagen »bergauf«), wird ihr Schwung aus der Expansion allmählich verbraucht und die Expansionsgeschwindigkeit des Universums müsste daher im Laufe der Jahre abnehmen. Das ist soweit logisch, aber:

Die tatsächliche Messung zeigt aber das genaue Gegenteil!

Die Expansion des Universums wird immer schneller: Die Sterne beschleunigen ständig, und zwar entgegen der Schwerkraft. Das wäre etwa so, als würden Sie ein Spielzeugauto an einen Hang stellen, aber anstatt bergab zu rollen, beginnt das Auto von allein bergauf zu rollen und wird dabei immer schneller. Man wundert sich.

Das kann nur bedeuten, dass in unserem Bild vom Universum irgendetwas fehlt. Es muss eine Energiequelle da sein, die die Sterne und Galaxien antreibt, die ihnen zusätzlichen Schwung verleiht und die somit die Himmelskörper auseinandertreibt und dabei sogar beschleunigt. Aber woher kommt diese Energie, welchen Ursprung hat sie? Wir wissen es nicht, denn wir sehen die Energiequelle nicht. Und alles, was wir nicht sehen, ist unsichtbare Energie, Astrophysiker sagen dazu (wie oben erwähnt) »dunkle Energie«. Und wenn man nun umrechnet, dass diese Energie aufgrund von Einsteins Energie-Masse-Äquivalenz ($E = m \cdot c^2$) auch einer Masse entspricht, die dann wiederum bei der Gravitation mitspielt, dann lässt sich aus der Beschleunigung, mit der die Expansionsgeschwindigkeit des Universums zunimmt, eben jener Prozentsatz von knapp 5 Prozent »sichtbar« zu gut 95 Prozent »unsichtbar« bestimmen, zumindest sagen die Astrophysiker das im Standardmodell der Kosmologie in dieser Weise (physikalische Hintergründe *siehe* Anmerkungen, Nr. [19])

Es gibt auch Kollegen in der Astrophysik, die die prozentuale Zusammensetzung unserer Welt noch weiter aufdröseln und die uns die unsichtbaren 95 Prozent nochmals unterteilen. Daraus ergibt sich:

- Etwa 5 Prozent unserer Welt bestehen aus sichtbarer Materie, das sind Objekte, die man anfassen kann, wie Sterne, Planeten, Menschen, Gebrauchsgegenstände etc.
- Etwa 25 bis 30 Prozent unserer Welt bestehen aus unsichtbarer Materie, wie zum Beispiel noch nicht entdeckten Elementarteilchen.

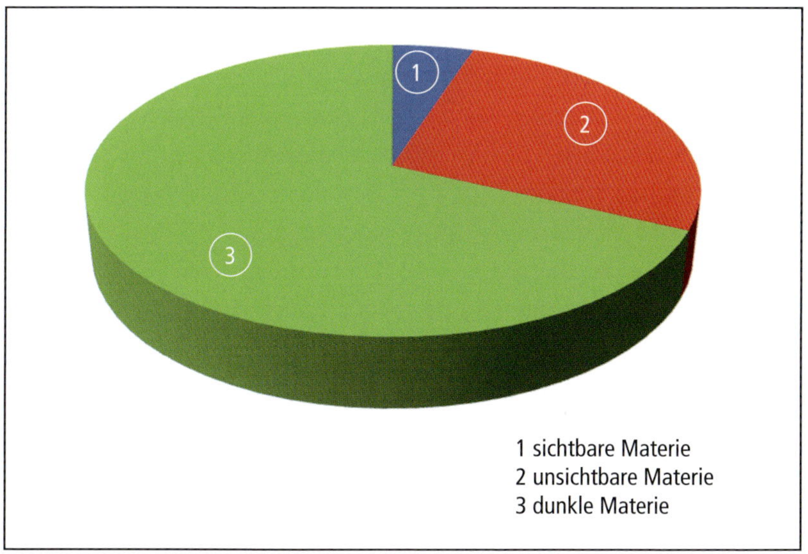

- Aber der Löwenanteil, circa 60 bis 70 Prozent, ist sogenannte dunkle Energie, also Raumenergie.

Aber nicht alle Physiker befassen sich mit der Raumenergieforschung. An dieser Stelle könnte ich all diejenigen Forscherkollegen fragen wollen, die sich nicht mit diesem Thema befassen, warum sie sich dem Interessenfeld nicht widmen mögen. Nun gut, jeder hat persönliche und individuelle Interessen. Der eine befasst sich gerne mit der Kunst des Geigenbaus, der andere mit dem Fressverhalten der Borkenkäfer. Speziell unter den Physikern mögen viele sich wohl auch gerne mit Lasern, mit Magnetplatten-Speichermedien oder mit vielen anderen wichtigen Dingen befassen. Aber: Ist es nicht ausgesprochen schade, dass es zahlreiche Physikerkollegen gibt, die ablehnend und abwehrend reagieren, wenn man sie auf den mit 95 Prozent dominanten Anteil unserer Welt überhaupt nur anspricht? Ich finde es ausgesprochen schade, dass nur so wenige Physiker den Mut aufbringen, sich an das heiße Eisen der Raumenergie heranzuwagen.

Hinter vorgehaltener Hand bekunden gar nicht so wenige Kollegen Interesse, aber offen zugeben würden sie das nie und nimmer. Die Existenz der Raumenergie zuzugeben, das ist kein Problem für die meisten Physikerkollegen, aber sich mit deren Nutzung zu befassen, das traut sich kaum jemand. Warum eigentlich nicht? Gibt es womöglich im Rockefeller-Magazin etwas zu dieser Frage zu lesen? Der Internetlink steht im Anhang (Literaturnachweise [Roc 12]). Wir lesen dort unter anderem: »Dem niedersächsischen Physikprofessor Claus Turtur gelang bereits im Jahr 2009 der theoretische und praktische Nachweis dieser neuen Energiequelle. An sich spräche ja nichts dagegen, die Forschungsergebnisse von Prof. Turtur zu nutzen, um einen Raumenergiekonverter zu konstruieren – wären da nicht die Pfründe der konventionellen Energieriesen, die es zu beschützen gilt.«

Aber was hat die offizielle Forschungslandschaft damit zu tun? Googeln wir einfach mal das Stichwort »Weltenergieverbrauch«, dann sehen wir direkt auf der Suchergebnisseite unten stehendes Bild [DPG 05]. Bei Drucklegung des vorliegenden Buches war der Link nicht gelöscht, notfalls kann man ihn später über eine sogenannte Wayback-Maschine[20] im Internet rekonstruieren.

Die unten stehende Grafik wurde (in sehr ähnlicher Form) auch auf der Jahrestagung der DPG im März 2005 verwendet – obwohl sie von Shell erstellt wurde. Dabei steht die Abkürzung »DPG« für »Deutsche Physikalische Gesellschaft«, das ist die offizielle Berufsorganisation der deutschen Physiker. Sie wird sehr stark getragen von führenden Physikern an offiziellen Großforschungseinrichtungen und Universitäten. Die Frühjahrstagung, auf der die Folie offensichtlich vorgestellt wurde, ist eine große Tagung, die einmal jährlich stattfindet (an verschiedenen Universitäts-Standorten), damit möglichst viele Physiker zusammenkommen können. Häufig sind es Tausende von Teilnehmern, die sich einfinden. Der Zeitpunkt im Frühjahr hat seinen Grund in der Tatsache, dass dies eine Zeit von Semesterferien an den Univer-

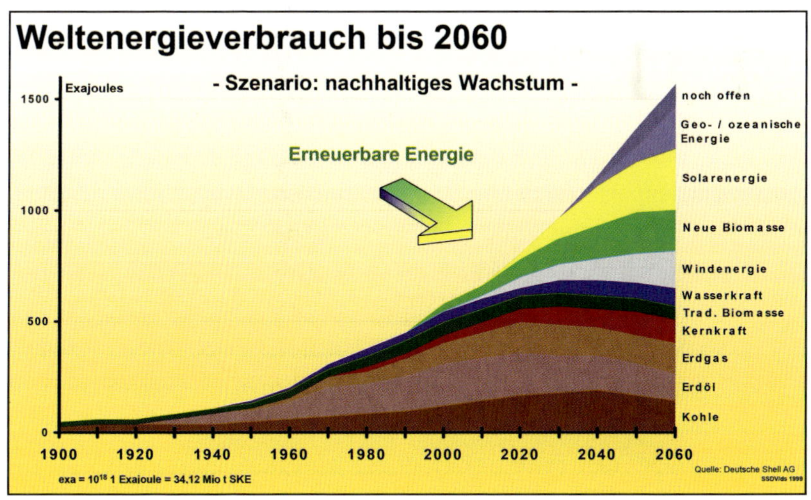

Quelle: Shell Deutschland Oil GmbH, Prognose zur Entwicklung des Weltenergieverbrauches, DPG Jahrestagung Berlin 2005, Googlesuche: http://www.uni-saarland.de/fak7/fze/AKE_Archiv/DPG2005-AKE_Berlin/Vortraege/DPG2005_AKE2.1Kranzmann_KCO2freieKraftwerke.pdf

sitäten ist, sodass die meisten Universitätsphysiker Zeit haben, hinzukommen. Die genannte (bei der DPG präsentierte) Grafik zeigt auf jeden Fall die Prognose des Weltenergieverbrauchs bis zum Jahre 2060, und rechts unten sieht man die Unabhängigkeit der Studie mit den klaren Worten »Shell 1999« bestätigt.

Einem Insider wie mir steht es wohl nicht an zu beurteilen, wie unabhängig die Kollegen von den Universitäten wirklich sind, die sich Experten nennen. Daher berufe ich mich lieber auf eine große deutsche Wochenzeitung, *Die Zeit*. Deren Ausgabe vom 1. August 2013 trug als großes Titelblatt das Bild zweier kopulierender Hasen, stellvertretend für »Industrie« und »Wissenschaft«, wobei die »Industrie« die »Wissenschaft« befruchtet. Und das Ganze unter dem Thema: Gekaufte Experten. Gemäß dieser Titelüberschrift bestellen Unternehmen Studien, bezahlen Professoren und finanzieren ganze Institute. Es wird die Frage gestellt, wie unabhängig die deutsche Forschung ist. Und es wird auf ein Dossier auf Seite 13 verwiesen, in dem wir die Antwort finden. Dort finden wir die Budgetangabe von 1,8 Milliarden Euro und die Erklärung: »1,8 Milliarden Euro haben Firmen und Stiftungen 2011 in deutsche Hochschulen investiert. Die Wirtschaft hat an den Universitäten einen Teil der Budgethoheit übernommen.« Wenn ich das lese, stelle ich mir schon die Frage, ob ich mich wundern muss, wenn die Universitätsexperten sich überwiegend ablehnend gegenüber der Nutzung der Raumenergie äußern. Dass es die Raumenergie gibt, können sie nicht abstreiten, dafür ist es seit Casimir und Lamoreaux, ebenso seit Feynman und seit den Messungen der Astrophysik inzwischen zu spät, aber Nutzung – auf gar keinen Fall, das wird nicht thematisiert.

Und funktionierende Raumenergiemaschinen, sogar solche mit TÜV-Gutachten, ignoriert man einfach. Deshalb gibt es zweierlei Forschungszweige, den inneruniversitären und den außeruniversitären. Über Wissen aus dem erstgenannten Zweig haben wir soeben gesprochen, zum Wissen aus dem letztgenannten kommen wir jetzt.

2.2 Literaturwissen außerhalb der offiziellen Forschungslandschaft

Außerhalb der Universitätslandschaft gibt es einen bunten Reigen von Forschungsaktivitäten und -ergebnissen, die mich anfänglich allein schon aufgrund ihrer großen Vielzahl wirklich erstaunt und natürlich auch verwirrt haben. Mein persönlicher Zugang zu diesem Feld ist, wie bereits erwähnt, etwas ungewöhnlich. Die meisten Menschen, die sich für die Nullpunktsenergie interessieren, recherchieren und finden sich dann in die Raumenergieszene ein. Manche fangen daraufhin an, selbst Versuche zu unternehmen.[21] Bei mir war es jedoch genau umgekehrt: Die schulwissenschaftlichen Erkenntnisse, von denen ich in Abschnitt 2.1 berichtete, waren mir als einzige Basis für den Zugang zum Thema Raumenergie gegeben; und auf deren Grundlage habe ich die weiter unten dargestellte Theorie der Raumenergienutzung ausgearbeitet.

Nicht ahnend, dass es bereits Menschen gibt, die zum Thema der Raumenergie forschen, kam ich für mich zum Schluss: »Meine Theorie zur Nullpunktsenergie des Quantenvakuums glaubt mir niemand, solange ich sie nicht beweisen kann.« Den Kurznamen Raumenergie kannte ich zu dieser Zeit noch nicht.[22] Aber so viel war mir klar: Meine Theorie muss ich experimentell beweisen. Das ist logisch. Doch bevor wir uns den Forschungsergebnissen aus meiner Hand in Abschnitt 3 zuwenden, wollen wir erst mal schauen, was es sonst noch so alles gibt – was andere Raumenergieforscher machen und was von sehr vielen Physikerkollegen an den Universitäten einfach ignoriert wird.

Kurzum: Die Vielfalt dessen, was man (innerhalb der Raumenergiegemeinde) findet, ist so gewaltig, dass es mir schlichtweg unmöglich scheint, dass sich jemand einen vollständigen Überblick erarbeiten kann. Ganze Bücher werden geschrieben, nur um einen ersten Einblick wenigstens zu versuchen. Ein sehr schöner Einblick ist zu finden in dem Buch *Die Urkraft aus dem Universum* von Klaus Jebens,

Tesla im Alter von 37 Jahren (1893, Foto von Napoleon Sarony)

das inzwischen wieder im Buchhandel zu erhalten ist. [Jeb 06] Der circa 1926 geborene Klaus Jebens ist ein interessanter Mensch, denn er ist ein Beinahe-Zeitzeuge der Arbeiten von Nikola Tesla. Der tatsächliche Zeitzeuge ist Heinrich Jebens, der Vater von Klaus Jebens, der in seiner Funktion als Reichsleiter des deutschen »Reichs-Erfinderamtes« offiziell nach Amerika entsandt wurde, um Thomas Alva Edison eine Ehrenmedaille zu überbringen. Dies erzählte mir Klaus Jebens persönlich, und weiter berichtete er, dass sein Vater auf dieser Reise Nikola Tesla kennengelernt und dadurch die Gelegenheit bekommen habe, in Teslas Auto mitzufahren, welches von einer unsichtbaren Energie aus einer unsichtbaren Quelle angetrieben wurde.

Klaus Jebens wiederholte sogar die lebhaften Handbewegungen seines Vaters zur Veranschaulichung der Größe des Raumenergiekonverters, mit dem Tesla sein Auto angetrieben habe. Auf jeden Fall ist Heinrich Jebens in diesem Auto mitgefahren. Dabei saß er hinter Tesla, der vorne rechts neben dem Fahrer saß und von dort aus den Raumenergiekonverter startete, indem er zwei über daumendicke Kupferstangen von seinem Beifahrersitz aus in den Konverter hineinschob. Das sehr große Auto, das damals in den Dreißigerjahren fast noch die Form einer Kutsche hatte, eine Limousine der damaligen Luxusmarke Pierce-Arrow, konnte übrigens anno 1930 schon gute 140 km/h schnell fahren. Der Motor war ein aus einer unsichtbaren Energiequelle gespeister Elektromotor. Einen Benzinmotor hatte das Auto nicht.

Der sehr authentische Bericht seines Vaters hat Klaus Jebens, der Inhaber einer Erfinderfirma war, übrigens dazu bewogen, mit seinen Ersparnissen und seinen Firmengewinnen ein Forscherteam ins Leben zu rufen, dem er den Auftrag gab, die zahlreichen Patente Teslas durchzuarbeiten und zu versuchen, ob es ihnen gelingt, den Raumenergiekonverter des Nikola Tesla zu rekonstruieren. Leider hat Tesla damals in seiner bekanntermaßen spitzbübischen Manier seine Patente bewusst so diffus und unklar formuliert, dass sie zwar seine Erfindungen schützten, aber die Anfertigung von Nachbauten nicht ermöglichten. Und genau deshalb blieb auch der Jebens-Forschergruppe der Erfolg verwehrt.

Auf jeden Fall hat der inzwischen deutlich über 80-jährige Klaus Jebens zum Abschluss seiner Raumenergieaktivitäten noch das bereits erwähnte Buch *Die Urkraft aus dem Universum* geschrieben, in dem er eine immense Vielzahl von Literaturreferenzen angibt, von denen ich hier einige wenige namentlich erwähne:

- Magnetmotor (Peter Peregrinus)
- Forellenturbine (Viktor Schauberger)
- Bessler-Rad (Johann Bessler)
- GEET (Paul Pantone)
- Testatika (Paul Baumann)
- Magnifying Transmitter, Wardenclyffe Tower (Nikola Tesla)
- Arabische Wissenschaften (12.–14. Jahrhundert)
- Orgon-Motor (Wilhelm Reich)
- Keppe-Motor (Keppe, Soós, Frascari)
- Magnetmotor (Setsuo Kuroki)
- MEG (Tom Bearden)
- N-Maschine (Paramahamsa Tewari)
- Magnetmotor (Howard Johnson)
- Generator-Pulsmotor (John Bedini)
- Vakuumdomänen-Kondensation (Harold Puthoff)
- Röhren-Konverter (Thomas H. Moray)
- Letsini-Motor (E. Letsini, Kamerun)

- N-Maschine (Bruce DePalma, MIT)
- N-Maschine (Shiuji Inomata)
- Orbo (Steorn Ltd.)

Nachfolgend möchte ich einfach in aufzählender Form auf verschiedene in der Literatur und im Internet vorhandene Beispiele verweisen. Etliche davon sind Querverweise auf das Buch von Klaus Jebens. Allerdings konnte ich diese Arbeiten nicht selbst im Labor überprüfen, sodass ich nichts über deren Funktionalität aussagen kann.

- Ein Permanentmagnetmotor wurde 1974 von John W. Ecklin erbaut, der zwar nicht ohne Zufuhr klassischer Energie läuft, dem aber ein Wirkungsgrad von circa 300 Prozent (in Bezug auf klassische Energieformen) nachgesagt wird [Eck 86].
- Einen Motor zum Pumpen einer Hydraulikflüssigkeit hat J. W. Putt 1976 patentieren lassen, bei dem die erzeugte hydraulische Leistung wesentlich größer sei als die für den Antrieb benötigte Leistungszufuhr [Put 76].
- James E. Jines und James W. Jines erhielten bereits 1969 ein US-Patent für einen selbstlaufenden Magnetmotor [Jin 69]. Ein weiterer selbstlaufender magnetischer Motor[23] wurde erfunden von R.W. Kinnison [Kin 75]. Abermals ein Permanentmagnetmotor wurde 1980 von Howard Johnson erfunden und dokumentiert [Joh 80]. Die Funktion des Letztgenannten war klar genug nachgewiesen, dass Johnson bereits mit verschiedenen Firmen Lizenzverträge abschließen konnte. Da der Motor ohne Energiezufuhr arbeitete, wurde er jedoch von einigen Wissenschaftlern angezweifelt, die abermals ihre theoretischen Vorstellungen höher bewerteten als die tatsächliche Naturbeobachtung (also höher als experimentelle Befunde). Nach den Berichten entbrannte eine wissenschaftliche Kontroverse, die sich merkwürdigerweise nicht um die Funktionsprinzipien des Motors rankte, sondern um die Frage, ob es überhaupt möglich sei, so einen Magnetmotor als Selbstläufer zu bauen. Man sollte meinen,

dass die Existenz dieses Motors jede Frage bereits hinreichend beantwortet (siehe: Jebens), aber offensichtlich ist dies nicht der Fall.

- Dr. Joseph Newman hat auf der Basis einer von ihm entwickelten theoretischen Erklärung im Gebiet der Elektrodynamik einen magnetischen Rotor konstruiert und sogar praktisch gebaut, der zwar eine elektrische Energiezufuhr benötigt, aber mit einem Wirkungsgrad von deutlich über 100 Prozent arbeitet [New 10]. Die erzeugte Leistung benutzte er einerseits, um seinen Rotor mit dessen eigener Leistung anzutreiben, andererseits aber, um mit dem verbleibenden Leistungsüberschuss ein Auto zu bewegen. Mehr als dreißig Wissenschaftler verschiedener Fachrichtungen, darunter auch Physiker, prüften Dr. Newmans Erfindung und bestätigten deren Funktionsfähigkeit sogar mit eidesstattlichen Erklärungen.
- Professor Robert Adams arbeitete als Elektroingenieur in verschiedenen Kraftwerken und elektrotechnischen Einrichtungen und entwickelte privat einen Elektromagnet-Gleichstrom-Generator mit einem Wirkungsgrad von weit über 100 Prozent [Ada 10]. Als Kenner der Raumenergieszene und der damit verbundenen Schwierigkeiten hielt er seine Erfindung über 20 Jahre lang geheim, bis er schließlich im Alter von 72 Jahren sein Gerät der Weltöffentlichkeit vorstellte. Die Schwierigkeiten hatte er nicht unterschätzt. So musste er sogar einen Anschlag auf sein Leben überstehen.
- Bruce DePalma genoss eine Ausbildung am MIT (Massachusetts Institute of Technology), entwickelte ein von ihm als N-Maschine bezeichnetes Gerät, das mehr Leistung erzeugte, als es zum Betrieb benötigte, und ließ dieses Gerät an der Stanford University ausgiebig prüfen [Pal 80]. Da dieses Ergebnis im Widerspruch zu den anerkannten Gesetzen der Physik stand (und immer noch steht), reagierten die Wissenschaftler sehr ablehnend, sodass DePalma seine eigene Situation beschrieb mit den Worten: »Ich rannte gegen eine Wand. Es ist, als ob die Wissenschaft alt geworden sei und sich weit vom Leben entfernt hätte.« Denn auch in seinem Fall schenkten die Kollegen der experimentellen Beobachtung weniger Vertrauen als der altherge-

brachten Theorie. Eigentlich sollte die Theorie zur Beschreibung der Naturphänomene dienen. Auch im Falle von Bruce DePalma wurde diese Logik zur Unbrauchbarkeit verkehrt, und die tatsächlichen Naturbeobachtungen wurden ignoriert. Bruce DePalma hat schließlich Amerika verlassen mit der Begründung, »weil sie mir den Kopf abreißen würden«.

▶ Einen Elektromotor, der von seinem eigenen Generator gespeist wird und die überschüssige Energie dann über einen Stromabgeber für die Nutzung zur Verfügung stellen kann, entwickelte Bill Muller in Kanada [Mul 03]. Das Gerät zeigt bauartbedingt eine bei Elektromotoren sonst unbekannte besondere Laufruhe.

▶ Ein Magnetmotor des japanischen Erfinders Kohei Minato benötigt zwar eine Energieversorgung, liefert aber bei gleicher elektrischer Eingangsleistung die fünffache mechanische Ausgangsleistung wie ein konventioneller Elektromotor [Min 88]. Kohei Minato hat den Motor bereits in mehr als 40 000 Klimaanlagen zum praktischen Betrieb eingebracht.

▶ Bei einer Aufzählung bekannter Konverter freier Energie wird meist auch der Energieverstärker von Thomas Bearden erwähnt, obwohl bis heute nicht wirklich klar ist, ob sein »Motionless Electromagnetic Generator« (MEG) tatsächlich funktioniert [Bea 02]. Angeblich handelt es sich dabei um ein Gerät, das von einer Batterie gespeist wird und ohne bewegliche Teile die Eingangsleistung um einen Faktor von über 100 verstärkt. Im Unterschied zu den meisten oben genannten Geräten existiert aber im Falle des »MEG« keine unabhängige Untersuchung durch Wissenschaftler.

▶ Bereits in den 1930er-Jahren entwickelte Dr. Henry Moray ein »Strahlungsenergiegerät«, welches ohne Energiezufuhr unter Prüfung führender Wissenschaftler tagelang eine elektrische Leistung im Bereich von circa 50 kW abgeben konnte [Mor 33]. Doch auch diese Erfindung ging den Weg, der für Maschinen zur Nutzung unbekannter Energie nicht unüblich ist: Henry Moray geriet so sehr unter psychischen Druck, dass er sich schließlich ein kugelsicheres Auto kaufen musste. Trotzdem wurde auf ihn geschossen und er trug eine Verletzung davon. Mehrfach wurde in sein Haus eingebrochen. Auch auf Frau Moray wurde geschossen. Als sein großer Durchbruch gerade bevorstand, zerstörte einer seiner Mitarbeiter mit einer Axt die Maschine des Dr. Moray. Auf Rat seines Anwalts hat er dann seine Entwicklungsarbeiten und seine Vorführungen aufgegeben. Kenner der Erforschung »freier Energie« mögen daran ablesen, wie sehr dies die echte Funktionsfähigkeit des Geräts bestätigt. (Wer diese Aussage bezweifelt, möge in dem genannten Buch von Klaus Jebens nachlesen.)

▶ Ein sehr gutes Buch, das zahlreiche weitere Beispiele für nichttechnische Schwierigkeiten der Raumenergieforschung recht klar beschreibt, ist übrigens auch erschienen unter dem Titel *Energie ohne Ende* [Ret 14] von Andreas von Rétyi.

▶ Ein Entwicklungsprojekt zur Nutzung »freier Energie« im Fachgebiet der Plasmaphysik führten Paolo und Alexandra Correa durch mit finanzieller Unterstützung eines amerikanischen Autokonzerns [Cor 95]. Zwar sind noch keine Berichte über eine funktionierende Maschine vorhanden, aber der Hintergrund einer großen und starken Firma erweckt immerhin eine gewisse Hoffnung, dass ein Erfolg, sofern er denn erzielt werden sollte, nicht einfach verschwindet, wie so viele Patente zur Nutzung »freier Energie«. Inzwischen wird bei [Cor 06] auf ein Patent aus dem Jahre 2006 verwiesen.

▶ Ein Kapitän zur See namens Hans Coler hat, beginnend bereits in den 1920er-Jahren, zwei Typen von Raumenergiekonvertern entwickelt und handwerklich gebaut, zu denen im Zweiten Weltkrieg ein militärischer Geheimdienstbericht angefertigt wurde, der heute aufgrund der verstrichenen Zeit nunmehr der Öffentlichkeit zugänglich gemacht wurde [Hur 40]. Davon wiederum berichten in unserer Zeit [Nie 83] und [Mie 84], denen zufolge Hans Coler (zum Teil unter Mitarbeit eines Herrn von Unruh) bereits ab 1923 bis in die 1930er-Jahre die beiden Maschinen gebaut habe, von denen er einen als »Stromerzeuger« und den anderen als »Magnetstromapparat« bezeichnete. Beiden wird ein Wirkungsgrad von über 100 Prozent (in Bezug auf klassische Energieträger) zugeschrieben, wobei der »Stromerzeuger« eine Hilfsleistung als Input benötigt (also eine sogenannte »Overunity«-Maschine ist), der »Magnetstromapparat« sogar völlig ohne externe Energiezufuhr auskommt (und damit ein sogenannter »Selbstläufer« ist). Coler soll seine Maschinen vor verschiedenen Fachleuten, unter anderem von den Universitäten Berlin, München, Trondheim und Kopenhagen vorgeführt haben, auch vor Professoren, wobei die Funktionsfähigkeit seiner Geräte stets ernsthaft und seriös bestätigt wurde.

Ein Problem liegt darin, dass niemand den Grund des Funktionierens erklären konnte, also das Funktionsprinzip. Leider war auch die Terminologie des Herrn Coler für Fachleute völlig unverständlich. Da er weder Physiker noch Ingenieur war, hatte er nicht gelernt, diese Terminologie zu gebrauchen. Weil die Coler-Apparate somit nicht in das Bild der Fachwelt hineinpassten, hat sich die Wissenschaftlergemeinde gegenüber diesen Geräten ablehnend verhalten und diese schließlich ignoriert. Der authentischste aller heute vorhandenen Berichte, nämlich [Hur 40], besitzt keine verwertbare Aussagekraft im

Hinblick auf eine technische Reproduktion, was ein bisschen überraschend erscheint, weil man sich fragt, ob ein nationaler Geheimdienst (wie der britische) nicht in der Lage gewesen hätte sein müssen, hochqualifizierte naturwissenschaftliche Fachleute zur Kommunikation mit Hans Coler zur Verfügung zu stellen, die das Funktionsprinzip seiner Maschinen erkennen und beschreiben hätten können. Allerdings gibt es mündliche Überlieferungen, denen zufolge der Geheimdienstbericht nicht in vollem Umfang veröffentlicht wurde. Diese Überlieferungen waren für mich zwar nicht nachprüfbar, aber sie würden natürlich eine fehlende Reproduzierbarkeit erklären.

Das nebenstehende Bild zeigt den Versuch einer erfolglosen Reproduktion aus dem Jahre 2011. Klar scheint lediglich, dass die von Coler erzeugte Leistung bei seinen ersten Maschinen im Bereich einzelner Watt lagen, im Laufe der Jahre aber sogar Maschinen im Bereich mehrerer Kilowatt gebaut wurden.

▸ Professor Stefan Marinov von der Universität Sofia in Bulgarien wird ein Raumenergiekonverter zugeschrieben, bei dem Ummagnetisierungsvorgänge von Dauermagneten eine Rolle spielen, wofür sehr kurzzeitig gepulste Magnetfelder eingesetzt werden. Verwendet man Pulse mit der Dauer einzelner Mikrosekunden, oder noch besser im Bereich von Bruchteilen von Mikrosekunden, so sei der Energieaufwand, der zum Erzeugen des Magnetfeldpulses benötigt wird, welches einen keramischen Ferriten ummagnetisiert, wesentlich geringer als die elektrische Energie, die man durch die Änderung des damit verbundenen magnetischen Flusses in einer Spule induzieren kann.[24]

Diffuse Informationen über den Aufbau des Kollegen Marinov wurden über einen mir nicht namentlich bekannten Kollegen der Uni Wien zu Johannes Horvath weitergeleitet und gelangten von dort unter anderem auch zu mir. Diesen Informationen zufolge ist Prof. Marinov nach einer erfolgreichen Vorführung seines Aufbaus an der Universität Graz vom Gebäudedach der Universitätsbibliothek gestürzt und infolgedessen gestorben. Zu den mir zugänglich gemachten Informationen zählt auch die nachfolgend abgebildete Handskizze von Johannes Horvath, die man allerdings aufgrund fehlender technischer Ressourcen nicht nachbauen konnte.

Nach unabhängigen Berichten verschiedener Leute hat dann ein Ingenieur namens Herbert Schnelzer den Marinov-Aufbau erfolgreich rekonstruiert und in der österreichischen Kleinstadt Scheibbs vor circa 1500 Leuten vorgeführt. Dabei sei die Ausgangsleistung benutzt worden, um den Konverter selbst anzutreiben, und parallel dazu konnten zusätzlich ein 2-kW-Heizkörper und eine 100-W-Glühlampe versorgt werden. Schon bald nach der Vorführung wurde Herbert Schnelzer an seinem Fensterkreuz erhängt aufgefunden, und seine Witwe ist heute nicht mehr auf eine Herausgabe seiner Unterlagen ansprechbar, sie ist überhaupt nicht mehr auf das Thema Raumenergie ansprechbar. Dies habe ich erfahren, als ich versuchte, weitere Informationen zum Raumenergiekonverter ihres verstorbenen Ehemannes von ihr zu bekommen. Eine befriedigende Erklärung der Funktionsweise wurde bis heute nicht gegeben. Zitiert wird als Begründung zuweilen das Patent »DE3606251A1« vom 10.9.1987 des Herrn Sven Mielordt [Mie 87], das sich auf das Patent »DE 35 01 076« des Herrn Dr.-Ing. Wolfgang Volkrodt bezieht [Vol 86]. So ist mir letztlich nicht mehr geblieben als die nebenstehende Handskizze des Aufbaus von Johannes Horvath, die er mir zeigte und die ich gemeinsam mit ihm publiziert habe unter [Hor 10].

▸ 2001/02 haben Wistrom und Khachatourian von der University of California [Wis 01, Wis 02] Kräfte zwischen elektrostatisch geladenen Kugeln gefunden, die aus dem Rahmen der klassischen Maxwell'schen Elektrodynamik herausfallen und die nach dieser Theorie nicht erklärbar sind.[25] Ein Teil einer Darstellung der geometrischen Anordnung, die die beiden Wissenschaftler in ihrer Originalarbeit [Wis 01] zeigen, ist auf Seite 46 wiedergegeben.

Drei Kugeln mit Durchmessern von 27 cm werden an dünnen Drähten aufgehängt. Dann werden Spannungen zwischen 400 und

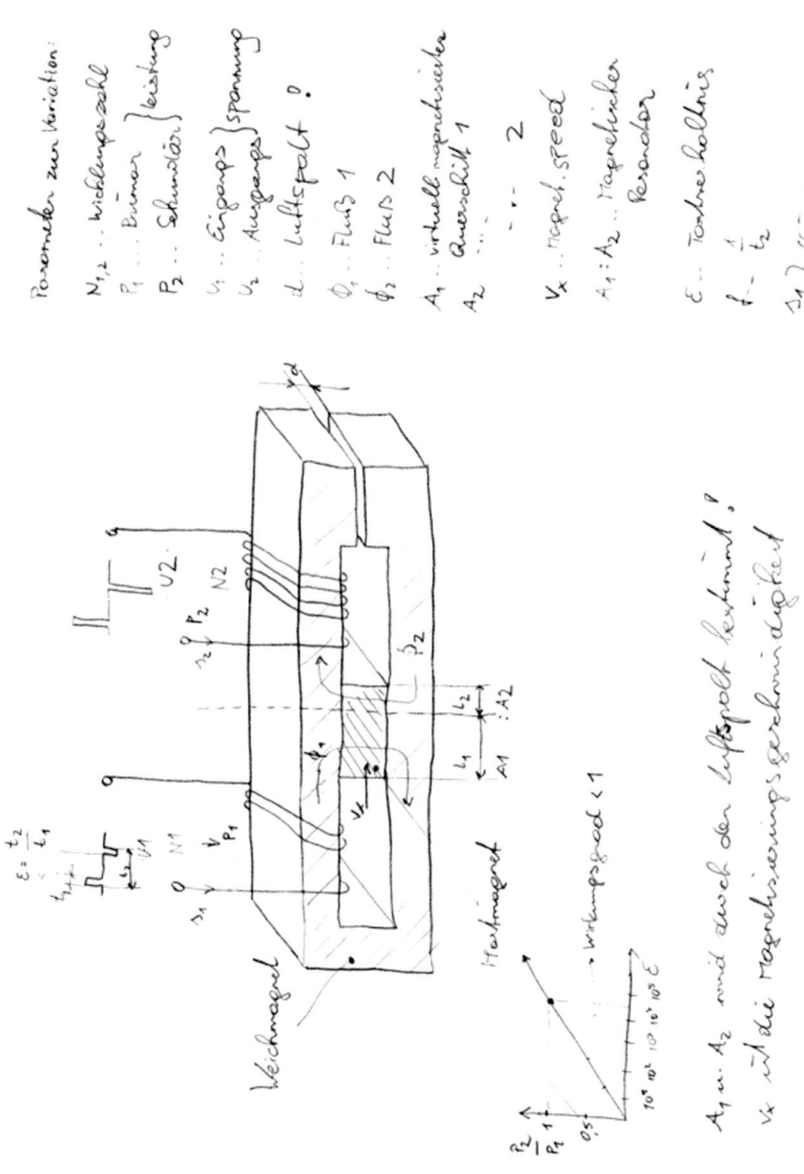
Parameter zur Variation:
Weichmagnet
Hartmagnet
Luftspalt
Fluß 1
Fluß 2
Magnetischer Resonator
J. HORVATH, 1988 – 1991

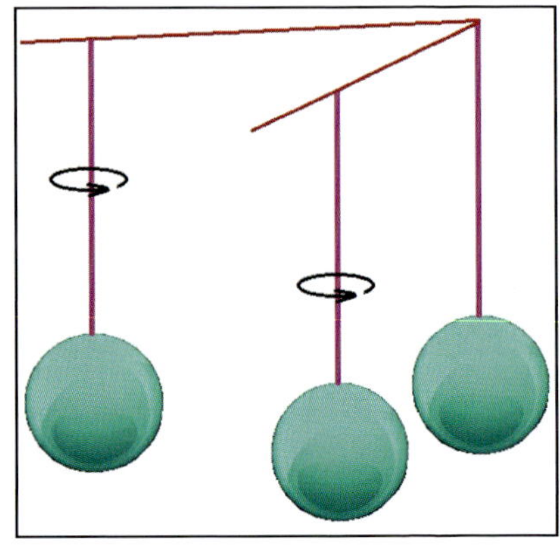

5000 Volt angelegt. Die Drahtfäden, an denen die Kugeln aufgehängt sind, haben einen Durchmesser von 127 µm. Die Grafik ist der Originalarbeit angelehnt. Die drei elektrostatisch geladenen Kugeln drehen sich trotz ihrer Symmetrie allein aufgrund ihrer elektrostatischen Ladung, das heißt, es fließt kein Strom, und somit wird keine elektrische Leistung verbraucht. Eine Antwort auf die Frage nach der Energie, die diese Drehung verursacht, wissen die beiden Forscher allerdings nicht. Das heißt, dass zwar ein experimenteller Befund besteht, aber keine Theorie der Raumenergiewandlung ausgearbeitet wurde. Immerhin akzeptieren die beiden Forscher ihren experimentellen Befund.

► Unter dem Titel »Thermoelectrically Pumped Light-Emitting Diodes Operating above Unity Efficiency«[26] hat eine Arbeitsgruppe im Research Lab of Electronics am weltberühmten MIT Messungen an kleinen Leuchtdioden vorgestellt, die in Bezug auf klassische Energieformen einen Wirkungsgrad von etwas über 200 Prozent aufweisen [MIT 12]. Im Übrigen diskutiert die MIT-Gruppe um Parthiban Santhanam die Möglichkeit, eventuell nur thermische Energie aus der Umgebung gewandelt zu haben. In Anbetracht der sehr geringen gewandelten Leistung hat eine derartige Diskussion in dieser Arbeit durchaus ihre Berechtigung, was allerdings nichts an der Tatsache ändert, dass die Untersuchung eine »Overunity« im Sinne der Energieforschung nachgewiesen hat. Sollte die gewonnene Energie aus der thermischen Energie der Umgebung erklärbar sein, so stellt der Aufbau einen Raum*entropie*konverter dar (anstelle eines Raum*energie*konverters).[27] Für den praktischen Einsatz, zur technischen Energieversorgung der Menschheit, wäre es im Grunde genommen egal, ob wir einen Raumenergiekonverter oder einen Raumentropiekonverter verwenden. In beiden Fällen wird saubere Energie kostenlos zur Verfügung gestellt.

► Ein US-amerikanisches Erfinderteam namens »Terawatt Research LLC« präsentiert im Internet ein Bild seines Raumenergiekonverters, der als Overunity-Maschine arbeitet. Allerdings wird die Seite von Zeit zu Zeit immer wieder vorübergehend vom Netz genommen und ist in diesen Zeiten nur noch über sogenannte Wayback-Maschinen rekonstruierbar (zum Beispiel über *www.archive.org*). Die bewusste Internetseite heißt: *http://www.terawatt.com.*

Die Maschine wird mit elektrischer Leistung versorgt und produziert mechanische Leistung, ähnlich wie eine Bohrmaschine, aber es gibt eine gravierende Besonderheit: Der von der Drehzahl abhängige Wirkungsgrad steigt im günstigen Fall (bei geeigneter Frequenz) bis über 300 Prozent an, in Bezug auf klassische Energieformen. Dabei verfügt die Maschine über offizielle Prüfgutachten des TÜV Rheinland und – zwecks unabhängiger Reproduktion der Messergebnisse – von der großen angesehenen amerikanischen Prüforganisation Underwriters Laboratories Inc.

Allzu viele Details über die Funktionsweise der Maschine verraten die Erfinder nicht (vermutlich um ihr Know-how nicht preiszugeben). Zwar kann man auf deren Website einen kleinen Erläuterungstext nachlesen, doch leider wurden die Erläuterungen so sparsam gehalten, dass niemandem ein Nachbau gelingen wird.

► Die beiden Australier Ludwig Emma Brits und Victor John Christie haben unter dem Namen »LUTEC« einen Raumenergiekonverter gebaut, der im Internet auf der Seite *http://www.rexresearch.com/christie/christie.htm* zu finden ist.

Im Zusammenhang mit dem Aufbau und dem Funktionsprinzip ihrer Maschine sind auch diese beiden Erfinder ausgesprochen wortkarg. Was sie allerdings sehr freimütig verraten hatten, bevor sie ihre Internetseite schlossen (sie ist rekonstruierbar über Wayback-Maschinen), war die Information über den Wirkungsgrad ihres Konverters, und zwar wie folgt:

Das Gerät verfügt über weltweit zahlreiche Patente und vor allem über eine offizielle Prüfung mit Zertifikat der Société Générale de Surveillance SA (SGS), die aus der Schweiz stammt und die heute die weltweit größte Prüf- und Inspektionsagentur mit 59 000 Mitarbeitern ist. In dem Gutachten werden Wirkungsgrade des Konverters bestätigt (je nach Betriebszustand der Maschine) bis hinauf zu (Zitat):

Prozentη = POutput / PIN = 145,6 / 10,1059 = 1440 Prozent

Es existieren verschiedene Wirkungsgrade für verschiedene Betriebszustände der Maschine. Sogar im Fernsehen wurde davon bereits berichtet, auch wenn die Aufzeichnungen im Laufe der Zeit zunehmend aus dem Internet gelöscht werden:
http://www.youtube.com/watch?v=g59cGTswGCI

Seit LUTEC von einer asiatischen Firma namens Evergreen Enterprise International Ltd. mitsamt der Patente und Rechte übernommen wurde, hört man auch von diesem Konverter nicht mehr viel.

Und hier noch zwei Hinweise, die keine funktionierenden Raumenergiekonverter beschreiben, sondern beachtenswerte Besonderheiten im Zusammenhang mit der Raumenergie an sich:

- Ausgesprochen interessant ist die stochastische Elektrodynamik (SED), eine physikalische Grundlagentheorie, die als echte Alternative zur Quantentheorie alle bekannten und bewiesenen quantenmechanischen Phänomene ohne die Anwendung der Prinzipien, Grundlagen und Formeln der Quantentheorie erklärt. Auch wenn der Ansatz heute oftmals vom Wissenschafts-Mainstream ignoriert wird und dort auch weitläufig unbekannt ist, fügen sich seine Ergebnisse in den Rahmen der bekannten und akzeptierten Physik widerspruchslos ein. Die wesentlichen Gedanken zur Initiierung der stochastischen Elektrodynamik beginnen mit Trevor W. Marshall und T. Brafford in den frühen 1960er-Jahren, wurden weiter verfolgt von Luis de la Peña sowie Ana María Cetto [Pen 96, Col 96] und erleben eine erste große Blüte mit Timothy H. Boyer [Boy 66–08] von der Universität New York. Eine Übersichtsdarstellung gibt Boyer in [Boy 80] und [Boy 85]. Speziell seine Arbeiten wurden dutzendweise in den führenden Fachzeitschriften der Physik veröffentlicht, was allein schon deshalb kein Problem zu sein scheint, weil die Ergebnisse der stochastischen Elektrodynamik nahtlos zu den Ergebnissen der Quantentheorie passen. Dazu muss man wissen, dass derartige Veröffentlichungen nur nach fachlicher Prüfung durch etablierte Gutachter genehmigt werden, also ein sogenanntes »Peer-Review« durchlaufen, das zu seinen Anfangszeiten als Qualitätsprüfung eingeführt wurde und das sich heute zu einem Zensurverfahren entwickelt hat. Neuentwicklungen, die für den Gutachter nicht verständlich sind, werden in der Regel abgelehnt.

Eine zweite Blüte erlebte die stochastische Elektrodynamik, als die Forschergruppe des Calphysics Institute über fundamentale Fragen der Physik nachzudenken begann (wie etwa über den Ursprung des Begriffs der »Masse« und des Begriffs der »Trägheit«) und dabei unter anderem auch auf die stochastische Elektrodynamik zurückgreift. Schließlich ergeben sich daraus sogar Gedanken an mögliche Anwendungen, wie etwa die Nutzung der Nullpunktsenergie des Quantenvakuums zur Energieversorgung und auch zur Weltraumfahrt [Cal 84–09].

Zum Inhalt: Grundvoraussetzung der SED-Theorie ist das Postulat, dass die Nullpunktsoszillationen elektromagnetischer Wellen existieren[28] und dass deren Spektrum den Grundzustand der freien elektromagnetischen Strahlung des bloßen Raumes definiert. Weitere Annahmen werden nicht benötigt, also auch keine Annahmen und Voraussetzungen der Quantentheorie. Nicht nur die Ergebnisse der

Quantenmechanik, sondern auch die Ergebnisse der Quantenelektrodynamik lassen sich mit der stochastischen Elektrodynamik herleiten. Besonders einfach ist die Herleitung im Falle des Casimir-Effekts, weil dieser sich logisch aus der einzigen Grundlage der stochastischen Elektrodynamik ergibt. Zu den auf der Basis der stochastischen Elektrodynamik bisher bereits erklärten Phänomenen gehören auch die Van-der-Waals-Kraft, die Lage der charakteristischen Linien in Atomdampfspektren, die Unschärferelation (die historisch erstmals von Heisenberg benannt wurde), die Lamb-Verschiebung und vieles andere mehr. [29]

Der Vollständigkeit halber sei betont, dass die stochastische Elektrodynamik natürlich Naturphänomene eigenständig erklärt und nicht versucht, den Formalismus der Quantentheorie zu reproduzieren. So ist zum Beispiel die Schrödinger-Gleichung als typische Formel der Quantentheorie nicht mit den Mitteln der stochastischen Elektrodynamik zu erhalten, ebenso wie auch typische Gleichungen der stochastischen Elektrodynamik nicht mit den Mitteln der Quantentheorie zugänglich sind. Die stochastische Elektrodynamik ist eine eigenständige Theorie, die allein auf der Existenz der Nullpunktswellen des leeren Raumes basiert, die wir als einen Bestandteil der Raumenergie betrachten. Und sie steht in Übereinstimmung mit allen heute bekannten experimentellen Naturbeobachtungen. Dies macht die Bedeutung der Nullpunktswellen des Quantenvakuums deutlich.

Übrigens: In der Arbeit [Col 93] kommen Daniel C. Cole und Harold E. Puthoff auf theoretischem Wege, auf der stochastischen Elektrodynamik basierend, zu dem Ergebnis, dass es möglich sein muss, der elektromagnetischen Nullpunktstrahlung im Vakuum Energie zu entnehmen. Wie das gehen kann, wird im US-Patent [Hai 08] dargestellt. [30]

► Sicherlich könnte man die Berichte über Einzelfallbeispiele von Raumenergiearbeiten noch lange fortsetzen. Tausende von Buchseiten ließen sich damit füllen. Tausende von Internetseiten sind voll davon. Aber ich meine, dass ich damit die Leser langweilen würde, denn im Grunde genommen wiederholt sich immer wieder das gleiche Szenario: Einzelne engagierte Privatforscher wenden sich der Raumenergie zu, arbeiten hart und erlangen schließlich die Fähigkeit, einen funktionierenden Raumenergiekonverter zu bauen. Der verschwindet dann im Nirgendwo und erblickt niemals das Licht der Serienfertigung. Und warum all diese Geräte der Allgemeinheit nicht zugänglich gemacht werden, verstehen wir, wenn wir diese Internetseite lesen:

http://peswiki.com/index.php/Directory:Suppression

Dabei steht die Abkürzung PESWIKI für ein Wiki der »Pure Energy Systems« (PES), und das englische Wort »Suppression« steht für das, was es heißt, nämlich für »Unterdrückung«. Die Directory ist nichts anderes als eine Aufzählung zahlreicher Einzelfälle unterdrückter Forschungsarbeiten zum Thema der Raumenergie. Man findet dort sogar eine Statistik, die Auskunft gibt über die Zahl der Entführungen, der Morde, der aufgekauften Patente und vieles andere mehr.

Das Pure Energy Systems Wiki hat übrigens auch eine Hauptseite im Internet, die zu finden ist unter: *https://web.archive.org/web/20170120000831/http://peswiki.com/*.

Generell sollte man zur Kenntnis nehmen, dass im Bereich der Raumenergieforschung immer auch ein erheblicher Teil der Entwicklungsarbeiten nicht publiziert wird oder sogar im Geheimen durchgeführt wird. Dadurch ist es praktisch unmöglich, einen auch nur einigermaßen repräsentativen Überblick über die tatsächlich verfügbaren Arbeiten zu gewinnen. Manche Erfinder fürchten die Publicity, andere träumen vom großen Reichtum, den sie nur erlangen könnten, wenn niemand anders in der Lage ist, ihre Arbeiten zu reproduzieren (indem dann sie allein die Welt mit Raumenergiemotoren beliefern wollen). Groß ist die Zahl der Ideen, die verschiedenen Privatforschern durch die Köpfe gehen, für den Fall, dass sie einen Raumenergiekonverter zum Laufen bringen.

Auch wenn in meinem Berichtsteil über außeruniversitäre Raumenergieforschung von Zeit zu Zeit immer mal wieder Hinweise auf inneruniversitäre Raumenergieforschung auftauchen, so heißt das noch lange nicht, dass inneruniversitäre Raumenergieforschung stattfindet. Es heißt noch nicht einmal, dass die Mehrheit der inneruniversitären Forschungskollegen die Ergebnisse der wenigen inneruniversitären Raumenergiearbeiten wahrnimmt oder gar darüber sprechen würde. Vielmehr muss man die Situation so verstehen, dass es auch hin und wieder mal Kollegen an Universitäten gibt, die sich dem Thema der Raumenergie zuwenden, die dann auch Arbeiten dazu ausführen und diese vielleicht sogar publizieren, die aber dann seitens des offiziellen Mainstreams kaum oder gar nicht beachtet werden. In der Regel geben die Kollegen dann die Raumenergieforschung nach einer gewissen Zeit wieder auf, schlichtweg weil sie keine Forschungsressourcen dafür zur Verfügung gestellt bekommen – und aus diesem Grund passiert es, dass auch die Forschungsergebnisse von Kollegen, die in der offiziellen Forschungslandschaft arbeiten, keinen Einzug in ebendiese Forschungslandschaft finden. Auch ich, der Autor des vorliegenden Buches, habe in Ermangelung jeglicher Ressourcen meine Forschungsarbeiten vollständig auf Eis gelegt – doch dazu später.

An Schlafmützen und an aufgeweckte Menschen

Dieser Abschnitt richtet sich an alle Menschen, denn jeder von uns ist entweder Schlafmütze oder aufgeweckt – eines von beiden ist man immer, es geht gar nicht anders. Um zu veranschaulichen, wie sehr das Gros der Menschheit schläft und sich nicht um echte saubere Energiealternativen kümmert, möchte ich ein technisch/physikalisch unstrittiges Beispiel zitieren, das niemand inhaltlich anzweifelt. Wissenschaftler innerhalb der Universitäten, ebenso wie Leute außerhalb der Universitäten, sind sich absolut einig, dass keinerlei Zweifel an der nachfolgend vorgestellten Möglichkeit der Energieversorgung existiert: die Kristallbatterie.

Ob die Kristallbatterie etwas mit Raumenergie zu tun hat oder nicht, ist völlig egal, und es ist auch noch lange nicht geklärt. Möglicherweise handelt es sich um eine ganz einfache klassische Batterie, auch wenn es dazu noch einige Aspekte zu klären gibt und offene Fragen anstehen, die auf einen Zusammenhang zur Raumenergie hindeuten könnten. Aber: Man kann damit elektrische Energie erzeugen, indem man chemische Energie in elektrische umwandelt. Unabhängig vom Wirkmechanismus stellt die Kristallbatterie eine Energieversorgung dar, die praktisch alle Wünsche erfüllt, wenngleich auch nicht in dem vollen Maße, wie richtige selbstlaufende Raumenergiekonverter (zum Beispiel Magnetmotoren) es können. Aber immerhin ist die Kristallbatterie: preisgünstig, umweltfreundlich, gesundheitsfreundlich …

Und damit ist die Kristallbatterie ein Augenöffner für viele Menschen, denn mit diesem System existiert ein allgemein anerkanntes Verfahren, das praktisch an sich schon in der Lage wäre, die meisten unserer Energieprobleme zu lösen – und trotzdem macht die Menschheit keinen Gebrauch davon.

Da die Technik total simpel ist, besprechen wir nachfolgend nicht nur die technischen Aspekte, sondern auch die wirtschaftlichen.

Grundlagen: Es ist in der Elektrotechnik und in der Elektrochemie wohlbekannt, dass zwischen verschiedenen Metallen elektrochemische Kontaktspannungen auftreten [Wik 13]. Diese Spannungen greift man typischerweise ab, indem man zwei Elektroden mit einer Elektrolytflüssigkeit in Kontakt bringt.[31] Weiterhin bekannt ist die Verwendung einer Aluminiumelektrode und einer Kupferelektrode zur Erzielung einer vergleichsweise gut verwendbaren Kontaktspannung. Im Falle der hier zu besprechenden Kristallzelle kann der Elektrolyt preisgünstig in Form von Essig zur Verfügung gestellt werden, der in Kalk aufgenommen wird. Eine kleine Menge Graphitpulver wird hinzugegeben, dessen Einsatz empirisch von Praktikern überliefert wurde. Ein solcher Empiriker ([Har 12]) gab mir die Erklärungen dazu im Sinne einer praktischen Aufbauanleitung, die er in einem Buch mit altdeutscher Schrift fand – so alt ist das Wissen – und die er zusätzlich durch eigene Versuche erweiterte. Der genannte Autor von [Har 12] bezeichnet die Kristallzelle zu Recht als »freie Energie« und nicht als Raumenergie, weil die Energie frei für alle Menschen ist, auch wenn wir nicht sicher sind, ob es Nullpunktsenergie des Quantenvakuums ist oder nicht.

Als Gemisch zur Aufnahme des Elektrolyten wurde hierbei verwendet:

- eine Volumeneinheit Kalk
- eine zehntel Volumeneinheit Essig
- eine zwanzigstel Volumeneinheit Graphitpulver
- Das Ganze rühre man mit Wasser zu einem pastosen Brei und lege es zwischen das Kupfer und das Aluminium

Hier und auf Seite 57 sehen Sie die von mir in der tatsächlichen Reproduktion des Aufbaus verwendeten Substanzen. Alle Menschen können diese Versuche bequem nachvollziehen.

Das Graphitpulver hat möglicherweise die Aufgabe, die Leitfähigkeit des Kalks zu verbessern (dem es zugemischt wird), und kann bei geeigneter geometrischer Anordnung vielleicht weggelassen werden. Im Grunde genommen

genügt für eine Kristallzelle ein absolut simpler und kostengünstiger Aufbau, wie in der nachfolgenden Abbildung zu sehen, bei dem die Ein-Cent-Münze als Kupferelektrode das teuerste der verwendeten Bauteile ist. Zwischen dieser Kupferelektrode und einer Aluminiumelektrode liegt das genannte Kalk-Elektrolyt-Gemisch, und fertig ist die Batterie. Diese Bauanleitung gab ich gelegentlich Bastlern, sofern sie mich danach fragten, und stellte dann fest, dass praktisch alle Bastler sie ohne größere Mühe praktisch realisieren konnten.

Diese besonders simple Variante einer Kristallzelle gibt bereits die volle Spannung im Bereich von 1,1 bis 1,2 Volt ab. Auf diese Weise können alle Menschen eine extrem preiswerte kleine Batterie herstellen, die zeigt, wie kostengünstig Energie sein kann.

Wenn man die Energiekosten einer derartigen Batterie abschätzen will, kann man die Materialpreise recherchieren (Preisangaben im März 2014, laut Internet):

- Aluminium: 1731 € pro Tonne, Dichte 2,71 g/cm^3
- Kupfer: 4745 € pro Tonne, Dichte 8,92 g/cm^3
- Kalk (gebrannter Putzkalk): 170 € pro Tonne, Dichte 2,8 g/cm^3
- Essig (Surrogat): 3,40 € pro halber Liter

Damit lässt sich ein Zahlenbeispiel für eine Preiskalkulation durchführen, namentlich mit Bezug auf den Materialaufwand (siehe nachfolgende Tabelle). Eine Kristallzelle, die ich in dieser Art aufgebaut habe, ist in der Abbildung im Anschluss an die Tabelle zu sehen.

Den Kosten der Herstellung müssen wir nun die entnehmbare elektrische Energie (als Leistung mal Zeit) gegenüberstellen, um den Energiepreis sinnvoll (in Cent pro Kilowattstunde) berechnen und dann interpretieren und einordnen zu können. Dazu müssen wir als ersten Schritt die elektrische Leistung bestimmen, die eine solche Kristallzelle abgeben kann, was ich mit dem hier gezeigten Aufbau gemacht habe.

Eine Kristallzelle, Materialaufwand		
Material	Abmessungen des Bauteils	Preis/Bauteil (ermittelt über Volumen)
Kupfer-Elektrode	0,01 mm · 10 mm · 10 mm	1 mm^3 · 8,92 g/cm^3 · 4745 €/Tonne => 4,23 · 10^{-5} €
Alu-Elektrode	0,01 mm · 10 mm · 10 mm	1 mm^3 · 2,7 g/cm^3 · 1731 €/Tonne => 4,76 · 10^{-6} €
Kalk	1,00 mm · 10 mm · 10 mm	100 mm^3 · 2,8 g/cm^3 · 170 €/Tonne => 4,61 · 10^{-5} €
Essig (Essenz)	circa 1/100 der Kalkmenge	1 µltr. · 3,40 €/ltr => 3,40 · 10^{-6} €
Wasser	vernachlässigbar geringer Preis	
Da sich die Fertigung automatisieren lässt, spielen die Arbeitslohnkosten im Vergleich zu den Materialkosten eine unbedeutende Rolle.		

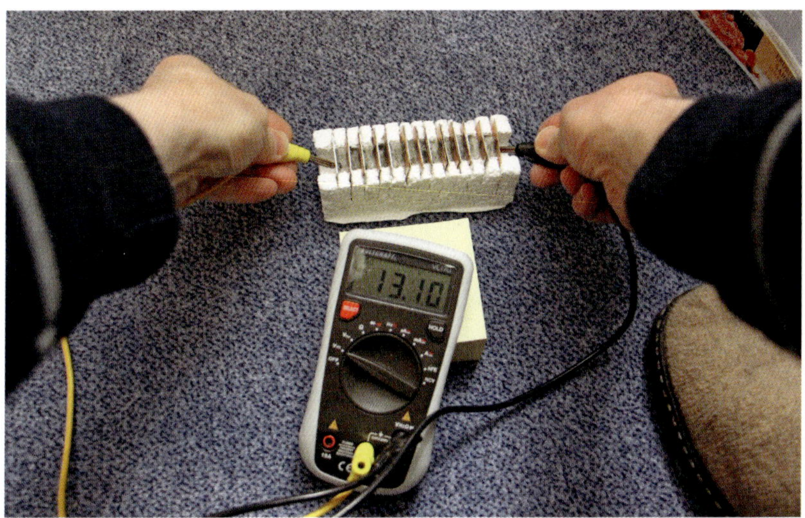

Der Bau dieser einfachen Kristallzellen-Serienschaltung hat nur 1,5 Stunden gedauert. Sie gibt eine Leerlaufspannung von gut 13 Volt ab. Die elektrische Leistung habe ich dann über einen Widerstand von 100 kΩ entnommen (dessen Wert an die maximal mögliche Leistungsentnahme angepasst wurde), und die Leistung wurde mit einem Voltmeter und einem Amperemeter gemessen (es handelt sich um Gleichspannung und Gleichstrom):

$$\left.\begin{matrix} U = 5,0V \\ I = 50\mu A \end{matrix}\right\} \Rightarrow P = 250\mu Watt$$

Die Anordnung ist geometrisch noch ein wenig größer als die in der Beispielberechnung der Tabelle angegebene, aber eine Größenoptimierung wurde noch nicht einmal ernsthaft begonnen. (Eine Größenoptimierung lässt also noch üppigen Spielraum zugunsten noch niedrigerer Energiepreise erwarten.) Eventuell kann man mit Anwendung der Nanotechnologie sogar noch weitere, wesentliche Optimierungsschritte erzielen, die ich aber in der hier vorgelegten Arbeit noch nicht zu diskutieren in der Lage bin. Aber auch ohne die nanotechnologische Optimierung ist die Anordnung schon ausgesprochen lohnend. Nach den bisherigen Versuchen erscheint es absolut realistisch, mit dem abgeschätzten Materialaufwand bereits ohne die Anwendung von Nanotechnologie Leistungen wie die nachfolgend genannten zu erhalten:

Wenn jede einzelne Zelle knapp 21µW leistet, dann runde ich auf 20µW pro Einzelzelle ab und gebe deren Preis an mit:

$$4{,}23 \cdot 10^{-5}\text{€} + 4{,}76 \cdot 10^{-6}\text{€} + 4{,}61 \cdot 10^{-5}\text{€} + 3{,}40 \cdot 10^{-6}\text{€} = 9{,}81 \cdot 10^{-5}\text{€}$$

Wir skalieren um 6 Zehnerpotenzen hoch und erhalten eine riesengroße Zelle mit circa 20 Watt (oder eine Million kleine Zellen, die zusammen 20 Watt liefern) für einen Preis von:

$$4{,}23 \cdot 10^{1}\text{€} + 4{,}76 \cdot 10^{0}\text{€} + 4{,}61 \cdot 10^{1}\text{€} + 3{,}40 \cdot 10^{0}\text{€} = \text{ca. } 98{,}\text{– €}$$

Von der Leistung (in Watt) müssen wir nun auf die Energie (in Kilowattstunden) umrechnen, um den Energiepreis bestimmen zu können: Die Leistung kann zumindest 10 Jahre entnommen werden (vermutlich länger nach Erfahrungen von [Har 12] und [Rei 11/12]), denn wir wissen, dass Kristallzellen über viele Jahre hinweg halten, sicher mehr als 10 Jahre, absolut wartungsfrei. Wir rechnen daraus eine untere Abschätzung für die Gesamtenergie der Kristallzelle in Kilowattstunden aus und daraus den maximalen Preis pro Kilowattstunde. Bei längerer Lebensdauer der Kristallzelle wird der Energiepreis entsprechend niedriger. Die Unsicherheit bei der Angabe der Lebensdauer der Kristallzellen hat ihren Grund in der Tatsache, dass die Einheiten, die vor vielen Jahren gebaut wurden, noch immer einwandfrei arbeiten, und es kann noch niemand voraussagen, wann sie aufhören werden, elektrische Energie abzugeben. Bisher sind mir noch keine Kristallzellen bekannt, die die Stromabgabe eingestellt hätten. Hier also die Muster-Strompreisberechnung, die als pessimistische, obere Grenze zu betrachten ist:

Die erzeugte Energie beträgt mindestens:

20 Watt · 10 Jahre · 365 Tage/Jahr · 24 Stunden/Tag = 1752 kWh

Mit Dreisatz erhalten wir:
1752 kWh kosten circa 98,– €
=> 1 kWh kostet circa 98 : 1752 € = circa 5,59 Cent

In Anbetracht der noch völlig fehlenden Geometrieoptimierung (des Aufbaus) sollte es kein ernsthaftes Problem sein, den Materialeinsatz noch wesentlich zu verringern, möglicherweise um klar mehr als eine Zehnerpotenz. Damit sinkt der erreichbare Strompreis auf unter einen Cent pro Kilowattstunde – egal, ob es sich um Nutzung von Raumenergie handelt oder um eine klassische (elektrochemische) Energiequelle. Dass man elektrische Energie so billig erzeugen könnte, dies aber nicht tut, sollte für die Leser des vorliegenden Buches ein Augenöffner sein – besonders weil es sich um eine seit alters bekannte Technologie handelt.

Man könnte außer einer Optimierung der Abmessungen (der Einsatzmengen des Kupfers und des Kalks) auch noch eine Kostenoptimierung über billigere Materialien ausprobieren, um eine maximale Verringerung des Preises zu erzielen.

Auf den dann zu erwartenden Preis im Bereich von 0,5 bis 5 Cent pro Kilowattstunde kämen dann zwar noch die Fertigungskosten der Herstellung obendrauf, aber in Anbetracht der sehr großen Stückzahlen und des hohen Automatisierungsgrades einer Fertigung sollten diese Kosten wohl weit unterhalb der Materialkosten zu halten sein.

Wie wesentlich eine weitere Optimierung des Herstellungspreises bei Verwendung von Nanotechnologie ist, lässt sich derzeit noch nicht einmal abschätzen – aber mit Sicherheit verbirgt sich hier noch ein gewaltiger Spielraum zugunsten der Kristallbatterie, den man durch entsprechende Forschungsarbeiten freisetzen könnte, würde man sich dieser Thematik wenigstens überhaupt zuwenden.

Akzeptieren müsste man allerdings, zumindest solange man nicht mit Nanotechnologie arbeitet, die unhandlichen Abmessungen der Kristallbatterien, um den besprochenen günstigen Strompreis zu erhalten. Wir schätzen dies auch wieder über Parallel- und Serienschaltungen einer Vielzahl von Kristallzellen ab:

Die Kristallzelle gemäß Tabelle hat ein Volumen von 1,02 mm · 10 mm · 10 mm, dazu kommt noch ein Gehäuse. Nehmen wir exemplarisch eine Dicke der Gehäusewand von etwa 0,5 mm an (aus preiswertem Kunststoff, wie zum Beispiel dem Material von Joghurtbechern), dann bekommen wir:

1,02 mm · 11 mm · 11 mm = 123,42 mm^3 für 21 μWatt

Die bereits betrachtete Hochskalierung um 6 Zehnerpotenzen (in Volumen und Leistung) führt zu einer Multiplikation von Länge, Breite und Höhe, jeweils mit einem Faktor 100:

10,2 cm · 110 cm · 110 cm = 123,42 Liter für 21 Watt

Ein typisches Einfamilienhaus braucht (im Heimatland des Autors) eine Leistung von etwa 5 bis 10 Kilowatt. Setzen wir exemplarisch einen Zahlenwert von 8,4 Kilowatt ein, (zur Sicherheit nicht zu knapp), dann brauchen wir 400 solcher Einheiten, das gibt dann ein Volumen von 49,4 Kubikmetern.

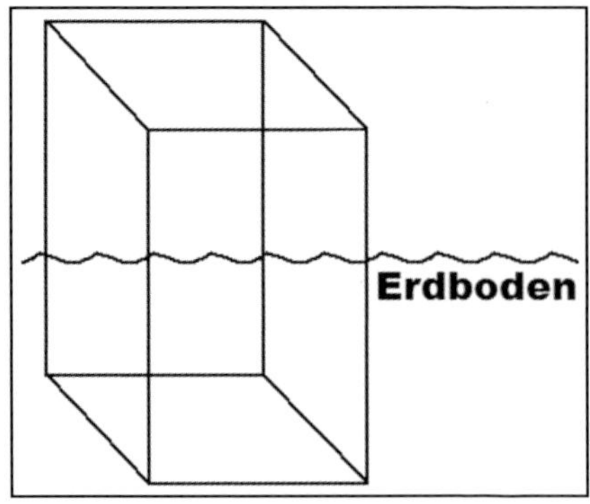

Das könnte man zum Beispiel so anordnen: 3,00 Meter · 3,00 Meter · 5,50 Meter. Das gibt einen Klotz, den man neben das Haus stellt, oder in den Keller. Bei Anordnung im

Garten könnte man den Klotz zum Beispiel zur Hälfte (oder mehr) eingraben. Eine Kristallbatterie als Energieversorgung könnte wie ein kleines Gartenhäuschen neben dem Wohnhaus stehen, in einer Grundfläche von 3 Metern mal 3 Meter, und 2 Meter bis 2,50 Meter aus dem Boden herausschauen. Die Lebensdauer beläuft sich auf mindestens 10 bis 20 Jahre.

Ein Energiepreis im Bereich von 0,5 bis 5 Cent pro Kilowattstunde ist in vielen Ländern ein sehr günstiger Energiepreis. Außerdem bin ich der Überzeugung, dass wir durch Optimierung der Geometrie und der Materialien den Preis noch um einen Faktor 5 oder 10 absenken können. Das ist überall auf der Welt ein guter Energiepreis – wartungsfrei.

So etwas würde sogar die interessante Option eröffnen, Dörfern in Afrika, die bisher noch keinen Stromanschluss haben, Elektrizität mit geringem Aufwand anzubieten, sogar in einer zollfreien Form, weil die Fertigung so einfach ist, dass die Leute vor Ort mit den dort vorhandenen Maschinen die Produktion selbst aufnehmen können, und das schnell und unkompliziert. Wenige Komplikationen bei der Fertigung, höchste Betriebssicherheit, geringe Kosten, all das sind ideale Voraussetzungen, um Menschen, die bisher keinen Zugang zu Elektrizität hatten, nicht nur Licht, sondern auch Computer und Internetanschlüsse zu bringen – mit Vollgas ins 3. Jahrtausend.

Damit ist im Prinzip ein Weg aufgezeigt, wie man auch mit moderatem Forschungsaufwand eine preiswerte Energiequelle aufbauen kann, und dies mit einem bekannten und erprobten System: Alles, was man braucht, ist eine überschaubare Geometrie- und Kostenoptimierung der Kristallzellen, die allerdings durch chemische Analysen abgesichert werden sollte, um eine Einschränkung der langen Lebensdauer des Systems sicher zu vermeiden. Als optionale Kür kann man in diesem Rahmen den Einsatz von Nanotechnologie einordnen.

Zu denken gibt: Die Energiedichte

Wenn wir die Energiedichte[32] der Kristallzellen berechnen, kommen wir auf überraschend große Werte. Aus der obigen Berechnung entnehmen wir das Wertepaar:

123,42 Liter für 21 Watt, und das über zum Beispiel 15 Jahre = 15 · 365,25 · 24 Stunden = 131 490 Stunden. Das macht eine gespeicherte Energie von 21 Watt · 131 490 Stunden = 2 761 290 Wh in einem Volumen von 123,42 Litern.

Also beträgt die Energiedichte der Kristallzellen:

2 761 290 Wh/123,42 Liter = 22 373 Wh/ltr.

Das ist unerwartet viel – viel zu viel für klassische Batterien. Die stärksten klassischen Batterien, die mir heute bekannt sind, bringen in etwa 400 Wh/ltr. Das sind Zink-Luft-Batterien [Var 10]. Bei den allermodernsten Li-Ionen-Akkus kommt man fast bis an die 500 Wh/ltr heran [Wik 13b]. Benzin ist bekannt für seine extrem hohe Energiedichte mit circa 20 000 Wh/ltr.

Damit liegt unsere Kristallzelle hinsichtlich der Energiedichte noch höher als Benzin, und falls sie deutlich länger als 15 Jahre halten wird (was zu erwarten ist), sogar noch deutlich höher. Und falls eine Geometrieoptimierung noch merkliche Erfolge zeigt (wie ebenfalls zu erwarten ist), noch wesentlich höher. Das passt überhaupt nicht zur Vorstellung einer Elektrolyse und einer klassischen Batterie. Das gibt uns doch wieder Fragen nach einer bisher ungeklärten Energiequelle auf. Auf jeden Fall ist dies ein klarer Hinweis, dass das System der Kristallbatterie in einem Forschungsprogramm zu sauberen alternativen Energiequellen nicht fehlen sollte.

Vor allem erzähle ich die Geschichte von der Kristallbatterie deshalb, um klarzumachen, wie leicht wir eine Energiewende mit bereits altbekannter Technologie vollziehen könnten, wenn wir auf das Multimilliardenprogramm der Experten verzichten würden. Und ich frage mich, warum sich niemand um die Kristallbatterie kümmert und sie baut. Wenn mir jemand die Möglichkeit gäbe, mein Energieforschungsprogramm wieder aufzunehmen, dann wäre darin auch die Kristallzelle enthalten. Der Strom wäre mit der Kristallbatterie um etwa eine Zehnerpotenz billiger, als wir ihn heute kaufen, doch bisher interessiert sich niemand ernsthaft dafür. Das stellt für mich gewaltige Fragezeichen: Befindet sich die Menschheit in einem Tiefschlaf?

3
Ein inhaltlicher Zugang zur Raumenergie

Keine Angst: Ich nehme mir fest vor, niemanden mit fachlichen Details zu überfüttern.

Ich habe dieses Buch für *alle* Menschen geschrieben, nicht für Fachkollegen, denn es heißt *Freie Energie für* ***alle*** *Menschen*. Dies ist mein Wahlspruch: »Freie Energie für *alle* Menschen!« Also bemühe ich mich, so zu schreiben, dass man mich auch ohne spezielles Vorwissen versteht. Fangen wir also gleich damit an, stellen wir die erste Frage:

Woher nimmt eigentlich ein Magnet seine Kraft?

Wir wissen es alle: Mit einem Magneten können wir gegen die Schwerkraft Eisenschrauben hochziehen. Das geht mit einem Elektromagneten genauso wie mit einem Dauermagneten. Aber wie macht der Magnet das?

Antwort: über ein Magnetfeld. Der Magnet erzeugt ein Magnetfeld, und das Feld überträgt die Kraft zwischen dem Magneten und dem Eisen.

Manche Leute machen das Magnetfeld mit Eisenfeilspänen sichtbar. Die Eisenspäne richten sich nach den Feldlinien aus (siehe Bild unten). Aber wie entstehen Magnetfelder?

Antwort: durch einen Strom. Jeder Strom erzeugt ein Magnetfeld.[33] Wenn wir einen Elektromagneten betätigen, dann schicken wir einen Strom durch eine Spule, und der Strom erzeugt ein Magnetfeld. Aber wie ist das mit einem Dauermagneten, wo fließt da der Strom?

Antwort: Da drehen sich Elektronen, und die sind elektrisch geladen. Auch diese sich drehende Ladung entspricht einem Strom. Jede bewegte Ladung entspricht einem Strom. Diese Erkenntnis führte einst zur Definition des Stroms, als Ladung, die sich pro Zeit bewegt. Daher sendet der Dauermagnet auch ständig Feldlinien aus.

Woher der Elektromagnet seine Energie bekommt, um dauernd Feldlinien zu erzeugen, die die Feilspäne ausrichten, das ist klar: aus der Steckdose. Aber woher bekommt der Dauermagnet die Energie, um ständig Feld und Feldlinien zu erzeugen?

Mit anderen Worten: Wer versorgt den Dauermagneten, damit er ständig ein Magnetfeld erzeugen und aussenden kann? Oder kurz:

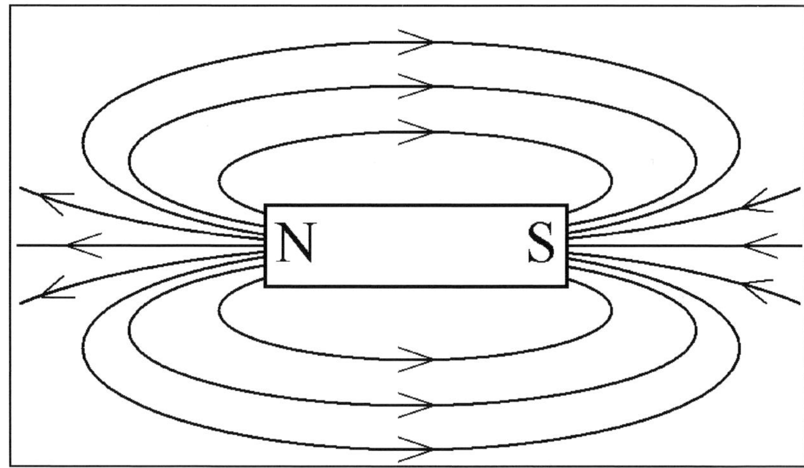

Wer hält die Elektronen im Dauermagneten am Drehen? Wer hält den Strom im Dauermagneten am Fließen?

Die Antwort geht letztlich zurück auf die Raumenergie, und sie ist etwas komplizierter, also holen wir ein wenig weiter aus. Für die Energiedichte (Energie pro Volumen) des magnetischen Feldes haben die Physiker und Ingenieure eine Formel in den Formelsammlungen stehen, die lautet:

$$u_m = \frac{\mu_0}{2} \cdot |\vec{H}|^2$$

Aber die ist jetzt nicht wirklich wichtig, denn ich will damit nur zeigen, dass es wirklich allgemein anerkannt ist, dass ein Magnetfeld Energie enthält und dass der Magnet ein Magnetfeld aussendet. Weil er ein Magnetfeld aussendet, heißt er ja Magnet. Freilich weiß das jeder Mensch mit seinem klaren Menschenverstand, aber falls das hier vorliegende Buch einem Physiker-Fachkollegen in die Hand kommt, muss ich mich rechtfertigen für das, was ich schreibe. Und daher erkläre ich alles ganz genau an dieser Stelle.

Ich fasse also zusammen: Jeder Magnet sendet ein Magnetfeld aus, und das enthält Energie. Auch Dauermagneten tun das.

Das Magnetfeld strömt übrigens mit Lichtgeschwindigkeit in den Raum hinein, also aus dem Magneten heraus, und daraus könnte man ausrechnen, wie viel Leistung der Magnet permanent abgibt. Aber viel wichtiger als diese Rechnung ist die oben bereits teilweise gestellte Frage: Wo nimmt eigentlich ein Magnet seine Energie her, die er ständig in Form von Feldenergie aussendet?

Da der Magnet diese Energie auch im reinen Vakuum aussendet, wo er mit nichts anderem in Verbindung steht als nur mit dem leeren Raum, kann er diese Energie nur aus dem leeren Raum beziehen. Er zapft also das Quantenvakuum an. Und da man mit dem Begriff Quantenvakuum nicht ausdrücken will, dass man das Gas wegpumpen muss, sondern weil der Begriff Quantenvakuum nur sagen soll, dass der bloße Raum dafür schon genügt, völlig egal, ob noch Materie da ist oder nicht, spricht man oftmals vom Quantenvakuum und nennt es nicht nur Vakuum. Deshalb sagen wir: Der Magnet zapft das Quantenvakuum an.

Moment mal: Wenn der Magnet aus dem Quantenvakuum versorgt wird, dann wandelt er ja permanent Energie aus dem Quantenvakuum in magnetische Feldenergie um. Das heißt doch nichts anderes als: Der Magnet konvertiert andauernd einen kleinen Teil der unsichtbaren Energie des Quantenvakuums in Feldenergie. Dann können wir den Magneten ja als ganz einfachen Raumenergiekonverter betrachten – sozusagen als »Elementarraum-Energiekonverter«. Und damit wird auch klar, warum Heisenberg einst meinte, man müsste doch eigentlich aus dem Feld des Magneten nutzbare Energie ziehen können. Die Begründung wissen wir jetzt: weil der Magnet nämlich ständig aus dem Quantenvakuum mit Energie versorgt wird. Was wir herausfinden müssen, ist »lediglich« eine Methode, um die magnetische Feldenergie in andere nutzbare Energieformen, wie etwa in mechanische oder in elektrische Energie, umzuwandeln – und schon wäre der Raumenergiemotor fertig. Das ist leichter gesagt als getan, aber machbar ist es, wie bereits berichtet und wie wir auch noch sehen werden.

Aus technischen Gründen war für mich diese Methode leichter für elektrostatische Felder als für magnetische Felder praktisch im Labor zu realisieren, zumindest für die allerersten Versuche, um einen wissenschaftlichen Nachweis zustande zu bringen. Obwohl leicht zu realisieren für wissenschaftliche Nachweiszwecke, haben elektrostatische Methoden dennoch den Nachteil eines ziemlich geringen Energieoutputs. Für leistungsstarke Raumenergiemaschinen zur allgemeinen Energieversorgung braucht man daher etwas anderes, nämlich magnetische Felder. Da wir jetzt aber zunächst einmal über die wissenschaftlichen Grundlagen sprechen, wollen wir uns

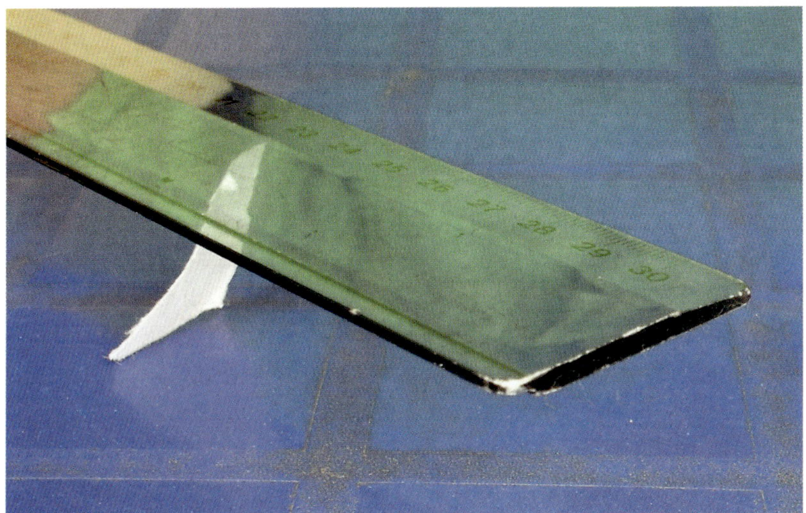

Gedanken zum elektrostatischen Feld machen. Bei den praktischen Anwendungen werden wir dann über das magnetische Feld sprechen. Erfreulicherweise verstehen wir das magnetische Feld in weitreichender Analogie zum elektrostatischen Feld, nämlich wie folgt.

Auch das kennen wir aus unserer Kindheit: Wenn man ein Plastiklineal mit einem geeigneten Lappen reibt, lädt es sich elektrostatisch auf und zieht Papierschnipselchen hoch. Auch das ist eine Kraft, die man sofort sieht, es ist allerdings eine andere Kraft als beim Magneten. Hier muss nicht wie beim Magneten eine Ladung fließen, sondern es reicht, dass die elektrische Ladung einfach nur existiert. Und wenn sich die Ladung auf der Oberfläche des Lineals sammelt (die entgegengesetzte Ladung hat sich dann auf dem Lappen gesammelt), dann haben wir schon die Kraft auf den Papierschnipseln.

Und jetzt stellen wir dieselbe Frage wie beim Magneten. Sie lautet jetzt: Wo nimmt eigentlich die elektrostatische Ladung ihre Energie her, mit der sie ständig ein elektrostatisches Feld erzeugt und aussendet?

Die Antwort auf diese Frage ist auch jetzt wieder dieselbe wie beim Magneten: Da die elektrostatische Ladung ihr Feld auch aussendet, wenn sie nur mit dem bloßen Raum in Verbindung steht, ist es wieder das Quantenvakuum (der bloße Raum), welches die elektrostatischen Ladungsträger mit Energie versorgt. Da die elektrostatische Ladung die Energie aus dem Quantenvakuum in elektrische Feldenergie (anstatt in magnetische Feldenergie) umsetzt, ist auch die elektrostatische Ladung ein ganz simpler Raumenergiekonverter.

Ängstliche Menschen mögen sich an dieser Stelle vielleicht fragen, ob dann elektrostatische Ladungen, genauso aber auch Dauermagneten, permanent den Raum leerpumpen und dem Raum allmählich alle seine Energie entziehen, indem sie elektrostatische bzw. magnetische Feldenergie daraus machen. Tatsächlich passiert genau die erste Hälfte dieser Überlegung, nämlich das ständige Herauspumpen von unsichtbarer Energie aus dem Raum, aber leergepumpt wird der Raum trotzdem nicht, weil das Feld bei seiner Ausbreitung in den Raum hinein permanent Energie an den Raum, also an das Quantenvakuum, zurückgibt. Das Feld verlässt den Magneten bzw. die elektrostatische Ladung und läuft dann in den Raum hinein; und bei diesem Hineinlaufen in den Raum verliert das Feld ständig an Energie, gibt sie an den Raum zurück. Das heißt, dass sich beim Ausbreiten des Feldes im Raum wieder Feldenergie in Raumenergie zurückverwandelt.

Dass dies tatsächlich so ist, habe ich mit einer mathematischen Berechnung (auf der Basis von Volumenintegralen) nachgewiesen. Die Berechnung selbst ist eher für Mathematiker und Physiker gedacht und nicht wirklich allgemeinverständlich. Sie ist, wie alle meine wissenschaftlichen Artikel, von meiner Internetseite aus zum kostenlosen Download aufrufbar. Aber was bei der Berechnung passiert, kann man auch ohne Formeln veranschaulichen.

Dazu betrachten wir eine Ladung im Raum. In der Grafik wird sie durch den Buchstaben »Q« symbolisiert. Diese Ladung sendet ein Feld aus. Das Feld läuft in alle Richtungen nach außen weg, so wie die schwarzen Pfeile es andeuten.

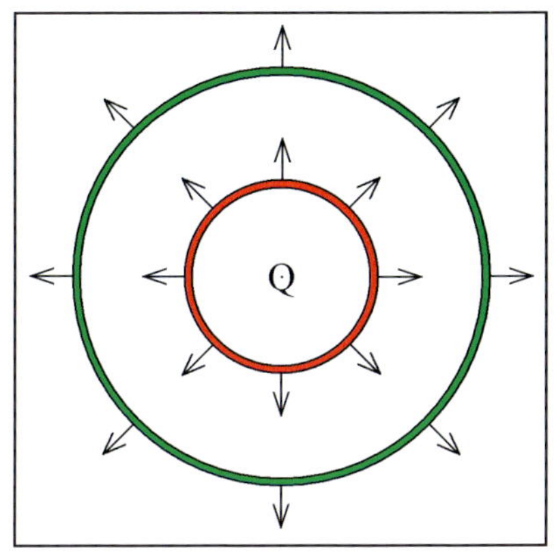

Betrachten wir nun zu einem gegebenen Zeitpunkt eine mit einem Feld erfüllte Kugelschale um die Ladung,[34] so wie sie in roter Farbe veranschaulicht ist. Wir wollen nun diese abgeschlossene Kugelschale bei ihrem Lauf in den Raum hinein verfolgen, sodass sie zu einem späteren Zeitpunkt zu der grünen Kugelschale wird. Und nun stellt sich die entscheidende Frage: Bleibt die Energie innerhalb der Kugelschale während der Ausbreitung des Feldes erhalten?

Eigentlich müsste dies der Fall sein. Wenn ich einen Luftballon aufblase, bleibt ja auch die Menge des Gummis erhalten, wenn sich die Gummihülle beim Ausdehnen vom Zentrum weg bewegt.

Glauben Sie an die »Gummierhaltung«? Natürlich, klar – beim Luftballon auf jeden Fall. Die Oberfläche des Luftballons wird zwar immer größer, aber die Gummihülle wird immer dünner. Größere Fläche mal geringere Dicke gibt ein konstant bleibendes Volumen. Es geht ja schließlich kein Gummi verloren, und es kommt auch kein Gummi hinzu.

Und: Glauben Sie in Analogie dazu an die Energieerhaltung des Feldes in der sich ausbreitenden Kugelschale (vom inneren Ring nach außen)? Eigentlich ja, oder geht irgendwo Feld verloren? Um offen zu sein: Ich war nicht wirklich sicher, und deshalb habe ich nachgerechnet. Die Energiedichte[35] des Feldes kennen wir aus Lehrbüchern – beim Magnetfeld:

$u_m = \frac{\mu_0}{2} \cdot |\vec{H}|^2$ und beim elektrostatischen Feld $u_e = \frac{\varepsilon_0}{2} \cdot |\vec{E}|^2$

Und diese Energiedichte integriere ich über das Volumen und erhalte so die gesamte Feldenergie in der Kugelschale.

Dabei stelle ich mit Wilhelm Busch (*Max und Moritz*) verblüfft fest: »Zapperment, dat Ding werd lichter.« Natürlich wird das Volumen der Kugelschale größer, schließlich hat die grüne Kugelschale (bei gleicher Dicke) ein größeres Volumen als die rote. Aber die Feldstärke im Innenraum der Kugel wird kleiner. Größeres Volumen mal kleinere Feldstärke – um herauszufinden, ob das konstant bleibt, musste ich wirklich nachrechnen, und siehe da: Es ist eben *nicht* konstant, sondern die Feldenergie im Inneren der Kugelschale nimmt beim Ausdehnen der Kugel in den Raum ständig ab. So wie bei *Max und Moritz* die Getreidesäcke Löcher hatten und das Getreide hinausrieselte, so verliert auch die sich ausdehnende Kugelschale ständig an Feldenergie. Wir sind also schon wieder auf eine Raumenergiekonversion gestoßen: Wenn elektrische oder magnetische Felder durch den Raum laufen, dann verlieren sie beim Laufen an Feldenergie – genauso wie die Jogger, die beim Laufen ihre Kalorien abarbeiten. (Die Kalorie ist übrigens tatsächlich eine historische Einheit für die Energie.) Im Falle der elektrischen und magnetischen Felder ist diese Energie nach der Umwandlung nicht mehr sichtbar, ist also eine unsichtbare Energie im Raum geworden und somit ein Bestandteil der Raumenergie.

Ich fasse zusammen: Jedes elektrostatische Feld und jedes magnetische Feld breitet sich permanent aus, es kann gar nicht anders, und dabei gibt es ständig Energie an das Quantenvakuum ab, auch in dieser Beziehung kann es nicht anders.

Damit wird unser Bild komplett, wir stehen vor einem Energiekreislauf: Ein Magnet (ebenso eine elektrostatische Ladung) wandelt Raumenergie in magnetische (bzw. elektrostatische) Feldenergie um. Und wenn sich dann das Feld vom Magneten (oder von der Ladung) aus in den Raum hinein ausbreitet, so wandelt sich magnetische (bzw. elektrostatische) Feldenergie wieder in Raumenergie zurück. Das gilt für Magneten in gleicher (analoger) Weise wie für elektrostatische Ladungen.[36,37]

Meine Idee war es nun, dass man aus diesem Raumenergiekonversionskreislauf eigentlich ein kleines bisschen von der ständig sich hin- und herwandelnden Energie herausziehen können müsste, um eine Maschine anzutreiben. Das heißt, man müsste mit einem Dauermagneten oder mit einer elektrostatischen Ladung einen kleinen Propeller antreiben können, sofern meine Vorstellung von der Raumenergie-Feldenergie-Wandlung sinnvoll und korrekt wäre. Gelänge mir das Antreiben eines solchen Rotors ohne Zufuhr klassischer Energie, also aus der Energiekonversion zwischen Feldenergie und Raumenergie, dann wäre meine Theorie der Raumenergiewandlung handfest im Labor bewiesen. Das war ebenjener Moment, den ich eingangs umschrieb mit den Worten: »Das glaubt mir niemand, sofern ich es nicht praktisch nachweisen kann.« Also musste ich überlegen, wie ich den Energiekreislauf, den wir nun sehen, tatsächlich anzapfen kann. Auch das gilt übrigens für einen Magneten in gleicher Weise wie für elektrostatische Felder. Es wäre sozusagen der terrestrische Nachweis für diejenige Energie, deren Auswirkung die Astrophysiker im Universum bereits beobachtet haben.

Eigentlich ist das gar nicht unheimlich schwierig. Ein paar Monate zermarterte ich mir ziemlich ergebnislos das Hirn, bis mir plötzlich von einer Sekunde auf die andere die zündende Idee kam: Man nehme eine runde Metallscheibe, wie sie auf Seite 74 (in roter Farbe) abgebildet ist. Sie wird elektrostatisch aufgeladen wie das auf Seite 69 abgebildete Lineal, das die Papierschnipsel anzieht. Dadurch erzeugt sie ein elektrostatisches Feld, wir nennen sie deshalb *Feldquelle.* Das

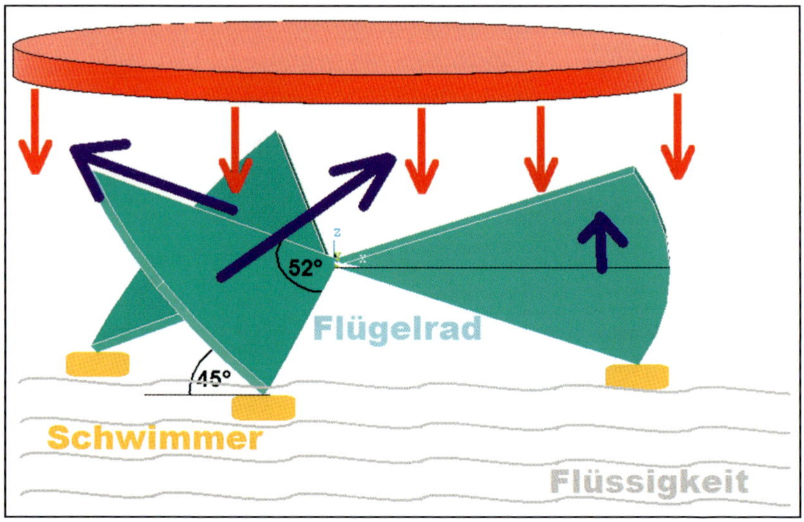

Feld breitet sich in allen möglichen Richtungen aus, ein Teil davon eben auch in Richtung der roten, nach unten gerichteten Pfeile.

Und dieses Feld trifft unter anderem auch auf die drei hellblau gezeichneten Rotorblätter, die (aus technischen Gründen) nicht aus Papierschnipseln, sondern aus Aluminiumschnipseln gefertigt wurden. Papier oder Aluminium – beide Materialien werden vom Feld angezogen. Die Vektorpfeile der Kraft, mit denen die Aluminium-Rotorblätter angezogen werden, sind in blauer Farbe eingezeichnet. Sie stehen immer genau senkrecht auf den Oberflächen der Rotorblätter; das lässt sich mit Methoden der Elektrostatik, namentlich mit der Spiegelladungsmethode in der Theorie nachweisen, und es ist auch in der Technik über viele Jahre der Anwendung reichlich verifiziert. Für Elektroingenieure ist dies eine altbekannte Methode.

Aufgrund der speziellen Formgebung des Rotors, namentlich aufgrund der besonderen Anordnung der Aluminium-Rotorblätter, ziehen diese Kraftpfeile immer genau so schräg in diejenigen Richtungen, wie es im Bild eingezeichnet ist. Diese schräg wirkende Kraftrichtung können wir in drei Anteile aufteilen, und zwar wie folgt (Fachleute sagen, wir machen das »in Zylinderkoordinaten«):

1. Es gibt eine Komponente in vertikaler Richtung (siehe Abbildung unten: z), also senkrecht nach oben. Diese Kraftkomponente zieht den Rotor hoch. Also musste ich im tatsächlichen Experiment aufpassen, dass ich die Feldquelle nicht so stark auflade, dass der Rotor gegen die Schwerkraft hochfliegt und an die Feldquelle knallt. Anfangs ist mir das versehentlich einige Male passiert, und dadurch zerbricht der Rotor, weshalb ich jedes Mal einen neuen basteln musste. Weil das mühsam war, habe ich schnell gelernt aufzupassen, dass ich die Feldquelle nicht zu stark auflade. Der Rotor schwimmt mittels der im Bild orange eingezeichneten Styroporschwimmer auf einer Flüssigkeit, zum Beispiel auf Wasser oder auf Öl. Wenn ich nun die Feldquelle ein wenig auflade, hebt sich der Rotor leicht an, aber ich passe genau auf, dass er sich nicht zu weit anhebt, um nicht an der Feldquelle zu zerschellen. Die schwimmende Lagerung auf einer Flüssigkeit hat den Sinn, zu erlauben, dass der Rotor sich seitlich verschieben, aber ebenso gut auch drehen kann. Das ist nötig, um den anderen beiden (nachfolgend beschriebenen) Komponenten der Kraft zu erlauben, den Rotor in deren Richtung frei zu bewegen.

2. Es gibt zwei Komponenten der Kraft in horizontaler Richtung, die eine bewirkt eine seitliche Verschiebung des Rotors, die andere eine Drehung. Die Kraftkomponente, die für die seitliche Verschiebung des Rotors verantwortlich ist, nennen wir radiale Komponente (R). Sie sorgt dafür, dass der Rotor sich selbsttätig immer mittig unter der Feldquelle ausrichtet und nicht seitlich hinausrutscht. Falls ich zu

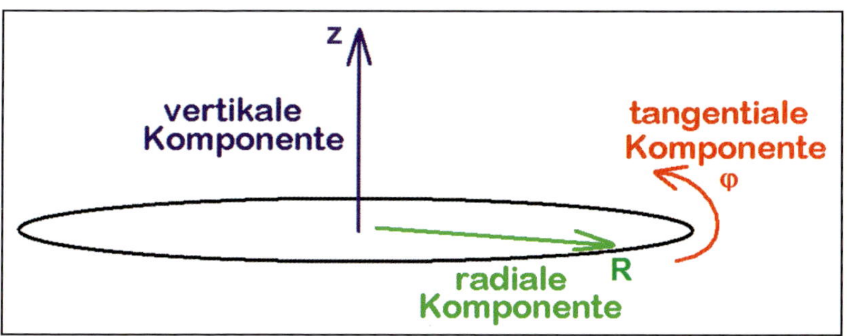

Beginn, also beim Aufladen der Feldquelle, den Rotor nicht optimal unter der Mitte der Feldquelle justiere, so ist dies völlig harmlos, denn die radiale Kraftkomponente vollzieht diese Justage selbsttätig.

3. Die zweite horizontale Kraftkomponente bezeichnen wir als tangentiale Kraftkomponente (φ). Sie bewirkt die Drehung des Rotors. Da die Kraft zwischen der Feldquelle und den Rotorblättern eine *anziehende* ist, dreht sich der Rotor (also das Flügelrad) immer zu den Rotorblättern hin. Da es keinen geschlossenen Stromkreis gibt, fließt im Idealfall, also bei perfekter Isolierung, die elektrostatische Ladung von der Feldquelle nicht ab, sodass die Drehung ohne Stromfluss zustande kommt, somit also ohne Verbrauch elektrischer Energie. Im idealisierten Fall einer perfekten Isolation, bei der keine Ladung von der Feldquelle verloren geht, würde so die Drehung des Rotors endlos fortgesetzt werden, ohne dass klassische Energie zugeführt werden muss.

Wir haben also (bis auf Isolationsverluste) nur ein einziges Mal beim Aufladen der Feldquelle eine kleine Menge an Energie zuzuführen,

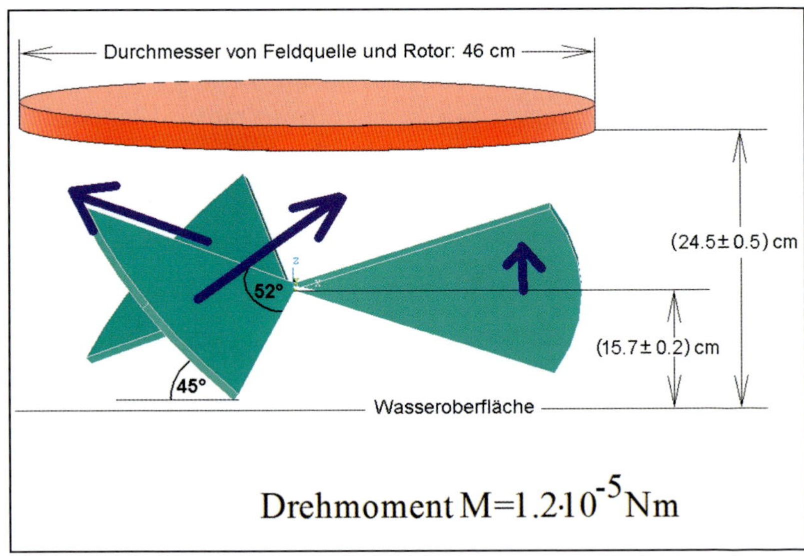

die man braucht, um die elektrostatischen Ladungen auf die Feldquelle zu bringen. Danach dreht sich der Rotor im Idealfall endlos, ohne jemals wieder klassische Energie zu verbrauchen, angetrieben vollständig aus der Energie des Quantenvakuums.

Allerdings sind elektrostatische Kräfte bekanntermaßen ziemlich klein, wie wir aus dem Beispiel des Lineals und der Papierschnipsel wissen. Deshalb müssen wir einen ziemlich großen Rotor bauen, um alleine nur ein winziges Drehmoment zu erzielen, welches gerade eben zum Drehen des Rotors auf einer Flüssigkeit genügt. Das Drehmoment, das in der Grafik auf Seite 76 angegeben ist, beträgt gerade mal eben 0,000 012 Newtonmeter. Wenn ich da an die 120 Newtonmeter denke, mit denen ich typischerweise meine Autoreifen anziehe, wenn ich Winterreifen montiere … und dabei hat der Rotor auch einen Durchmesser von fast einem halben Meter. Aber man kann frei nach Galileo Galilei sagen: »Und er dreht sich doch!«

Da ich meine Forschung immer in meiner Freizeit ausgeführt habe und privat finanzieren musste, was nur möglich ist aufgrund der sparsamen Haushaltsführung meiner Ehefrau, musste ich natürlich die einfachst mögliche Bauweise suchen. Die Feldquelle wird also auf einer Pappscheibe aufgebaut, die ich aus einer IKEA-Schachtel herausschnitt und mit Aluminiumfolie umwickelte, um die Oberfläche metallisch zu machen. Der Rotor wurde mit Küchenalufolie auf einem selbstgebastelten Balsaholzrahmen aufgespannt, den ich mir mit Material aus einem Modellbauladen aufbauen konnte. Die hydrostatisch schwimmende Lagerung[38] findet auf der Wasseroberfläche meiner Duschkabine statt, wie man unschwer am Reflex das Wannenrandes hinten rechts im Bild (Seite 77) erkennt. Die Hochspannungsquelle zur elektrostatischen Aufladung der Feldquelle hat mir ein pensionierter Elektrotechnikerkollege für einen symbolischen Euro selbst gebastelt. Aber der Clou ist: *Der Rotor dreht sich!*

Eine Zeit lang habe ich mit einer Uhr die Drehung gemessen. 3600 Sekunden sind eine Stunde und 360° sind eine volle Umdrehung. Ich habe also etwa eine Stunde zugeschaut, um etwa zehn Umdrehungen zu sehen (siehe Diagramm unten). Danach wurde es langweilig und ich habe den Aufbau wieder abmontiert.

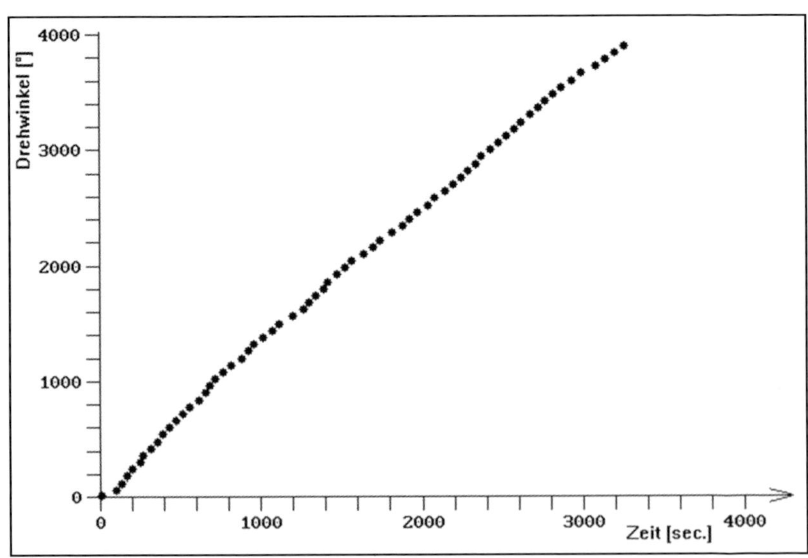

Zu Beginn der Rotation ist die Drehgeschwindigkeit übrigens ein wenig größer als am Ende der Stunde, und das liegt daran, dass die Feldquelle die Ladung nicht ganz halten konnte, dass also die Spannung der Feldquelle im Laufe der Zeit etwas abgesunken ist. Aber das macht nichts, denn: *Der Rotor dreht sich!*

Ich habe dann auch noch Spitzenlagerungen probiert (siehe Abbildung oben), die es erlauben, dass der Rotor sich wesentlich schneller dreht, also mehrere Umdrehungen pro Sekunde macht. Das hatte den Sinn, Zuschauern die Drehung leichter vermitteln zu können, denn wenn man nicht für jede Umdrehung ein paar Minuten warten muss, sondern mehrere Umdrehungen pro Sekunde sieht, dann ist es einfach bequemer.

Damit ist im Grund genommen meine Theorie bestätigt. Eigentlich hatte ich mich zuerst über meine erfolgreich bestätigte Theorie der Raumenergiewandlung riesig gefreut, hatte erwartet, dass nun endlich meine Ergebnisse zur Publikation angenommen werden würden (nicht zuletzt auch, weil ein Gutachter mir sogar gesagt hatte, dass ich meine Theorie zuerst praktisch nachweisen soll, damit man dann mit dem experimentellen Beweis mein Manuskript zur Publikation annimmt), aber das war mitnichten der Fall. Welch eine Enttäuschung! Niemand schien mich hören oder wahrnehmen zu wollen – zumindest nicht in der universitären Fachwelt, aus der ich stamme.

- Von Fachjournalen erhielt ich die Antwort, in welcher Weise ich meine Manuskripte noch verändern müsste, um zur Publikation angenommen zu werden; und als ich die Änderungen dann angebracht hatte, kam nur zurück: »Wir haben es uns anders überlegt.« Welche Verschwendung von Arbeitszeit, wenn man bedenkt, dass ich all meine Arbeit allein und ohne jegliche Unterstützung durchführen muss!
- Energiekonzerne schrieb ich an, Stromerzeuger, Ölgiganten, Betreiber von Windmühlen und von Solarzellen, Universitäten, alle politischen Parteien, die im Bundestag vertreten sind. Keinem war ich eine Antwort wert. Welch eine merkwürdig ernüchternde Enttäuschung nach solch jahrelanger, harter und schließlich erfolgreicher Arbeit!
- Wenigstens ein Universitätskollege war dazu in der Lage, Kritik an meinem Aufbau zu äußern. Er wies mich auf den Biefeld-Brown-Effekt hin, bei dem Gasatome der umgebenden Luft ionisiert werden, und er erklärte mir, dass diese Gasionen dann einen klassischen Energietransport von der Feldquelle zum Rotor vollführen würden. Dies war zu diesem Zeitpunkt ein berechtigter Einwand, denn ich konnte mit einem Voltmeter und einen Amperemeter rasch feststellen, dass tatsächlich Isolationsverluste vorhanden waren und dass zum Ladungserhalt auf der Feldquelle deutlich mehr klassische elektrische Energie (pro Zeiteinheit) aufgewandt werden musste, als aufgrund der mechanischen Drehung des Rotors frei wurde. Im Nachhinein muss man sagen: Die Luft war einfach eine zu große Imperfektion bei der Isolation, sodass auf diesem Weg tatsächlich sehr viel Energie verloren ging. Das musste ich aber erst nachweisen, und zwar wie folgt.

Nun wollte ich natürlich nicht einfach beim erstbesten Einwand aufgeben, sondern ich bog rasch in einem simplen Versuch die Kanten

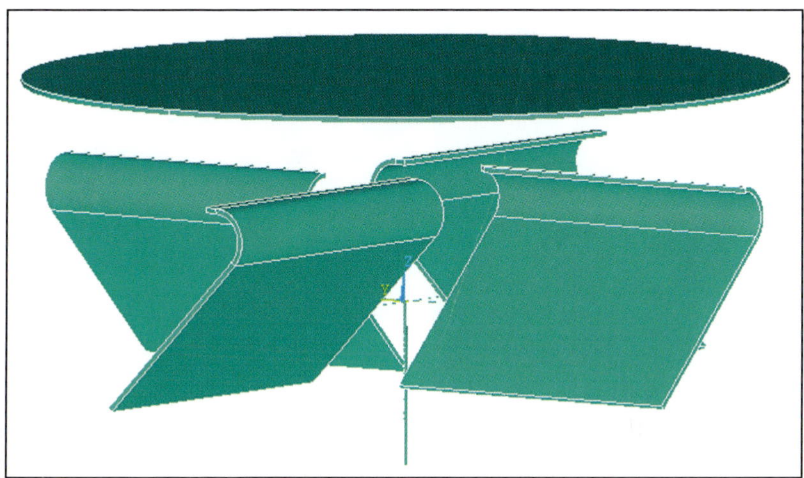

der Rotorblätter in eine andere Richtung um (siehe Abbildung oben), damit die Gasionen beim Biefeld-Brown-Effekt in die entgegengesetzte Richtung beschleunigt werden müssten, um auf diese Weise die Drehrichtung der Rotation umzukehren, falls denn der Rotor tatsächlich durch den Biefeld-Brown-Effekt angetrieben werden würde.[39]

Aber der Rotor änderte seine Drehrichtung mitnichten. Offensichtlich war der Biefeld-Brown-Effekt nicht die entscheidende Triebkraft für die Drehung.

Natürlich war mir klar, dass der Minibeweis mit umgebogenen Rotorblättern einen ernsthaften Kritiker nicht wirklich überzeugen würde, deshalb mühte ich mich ein Dreivierteljahr lang ab, so lange überall auf allen fünf Kontinenten zu betteln (per E-Mail und Telefon), bis mir schließlich jemand erlaubte, einen Vakuumpumpstand in seinem Labor zu benutzen, um das Gas um den Rotor herum abzupumpen. Zu meiner übergroßen Freude war der Kollege, der es mir schließlich erlaubte, an der Otto-von-Guericke-Universität in Magdeburg und damit nur gut 90 Kilometer von meinem Standort entfernt, sodass ich bequem mit dem Auto hinfahren konnte, um meinen Aufbau dort in sein Labor zu bringen.

Auf den Bildern oben sieht man die Feldquelle aus ziemlich dickem Aluminium an einem durchsichtigen Deckelflansch (links) sowie den Rotor aus lackiertem Balsaholz auf vakuumtauglichem Öl (rechts).[40]

Die geografische Nähe des Labors war für mich ein großes Glück, denn wir brauchten ein paar Versuche, bis wir den Rotor in der Vakuumkammer zum Laufen brachten. Aber *heureka* und abermals frei nach Galileo Galilei: *Der Rotor dreht sich doch!*

Und was sagt die Fachwelt dazu? Zuerst einmal gar nichts. Bis sich schließlich doch wieder ein Universitätskollege dazu herabließ, mir ein paar Worte der Kritik zukommen zu lassen. Die Aufforderung lautete sinngemäß (verkürzt wiedergegeben):

Sehr geehrter Herr Turtur,
weisen Sie erst einmal nach, dass es keinen denkbaren Transportweg für klassische Energie gibt, der jemals klassische elektrische Energie von der Feldquelle zum Rotor transportieren kann. Dabei ist es völlig egal, ob der für den Transport klassischer Energie verantwortliche Effekt bereits entdeckt ist oder noch nicht.
Mit freundlichen Grüßen

Na klasse – da forderte der Kollege von mir, dass ich alle nur denkbaren physikalischen Transporteffekte ausschließe, egal ob die Menschheit diese schon entdeckt hat oder noch nicht. Was jetzt?

Zuerst wurde mir sofort klar, dass es den Kollegen immer möglich sein wird, mit einer kleinen Nebenbemerkung, handstreichartig immer wieder neue Aufgaben zu definieren, die mich schließlich in einer Endlosschleife totlaufen lassen würden, bevor man überhaupt darüber nachdenken könne, ob meine Ergebnisse ernst zu nehmen seien. Trotzdem wollte ich das Problem auch diesmal wieder lösen.

Wieder musste ich herumtüfteln, was ich tun sollte, doch diesmal kam ich relativ schnell auf eine Lösung: Wenn ich weniger elektrische Energie zuführen muss, als an mechanischer Energie bei der Rotation frei wird, dann ist eigentlich alles klar, denn dann ist in der Feldquelle (also über den Energie-Input) gar nicht die Energie vorhanden, durch deren Transport in den Rotor man die Drehung erklären könnte.

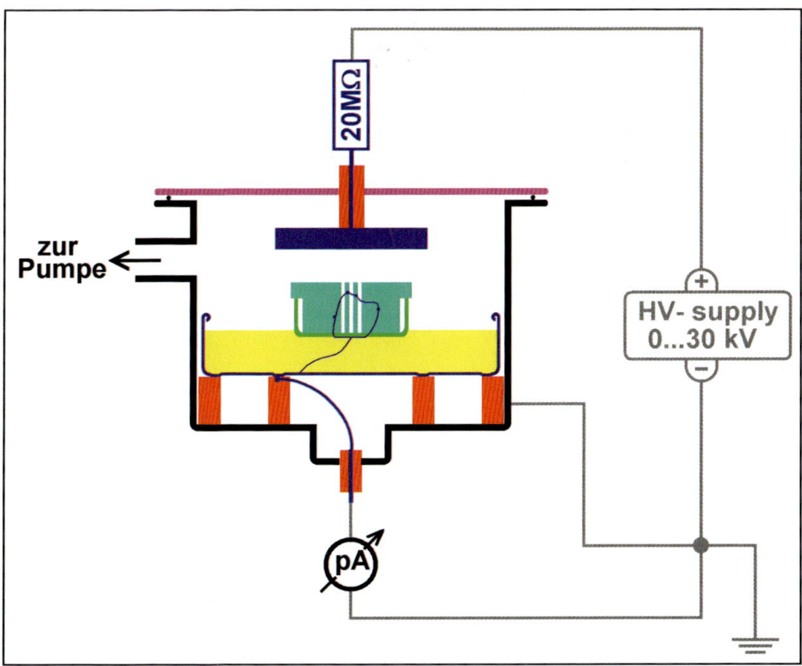

Heute weiß ich, dass das im Prinzip nichts anderes ist als die Forderung eines »Overunity«-Nachweises, das heißt »mehr klassisch sichtbare Energie raus als rein«. Doch damals war mir die Raumenergieszene und auch die Raumenergiegemeinde noch völlig unbekannt[41] und daher kannte ich, der ich aus der reinen Mainstream-Schulwissenschaft komme, mit der dort genossenen Ausbildung, den Begriff der »Overunity« noch nicht. Aber das macht nichts, denn ich war durch logisches Überlegen auf die Idee gekommen, die »Overunity« nachweisen zu wollen.

Und das genügt aus logischer Sicht. Also habe ich mit meinem Kollegen an der Universität Magdeburg das im Bild auf Seite 83 eingezeichnete Pikoamperemeter »pA« montiert[42], an der Hochspannungsversorgung die Spannung abgelesen und daraus die zugeführte elektrische Leistung berechnet.

Um technische Probleme mit dem Vakuum zu beseitigen, habe ich den Rotor noch ein wenig umgebaut, wie im Bild auf Seite 84 gezeigt. Die oben offene Form entgast besser als das poröse Balsaholz. In der Blechdose befindet sich übrigens das vakuumtaugliche Öl, auf dem der Rotor schwimmt.

Die Messung der mechanischen Leistung, die bei der Drehung frei wird, habe ich mithilfe einer selbstgebauten Torsionswaage ermittelt, die im rechten Bild zu sehen ist.

Die Drehgeschwindigkeit des Rotors in der Vakuumkammer zu beobachten, war kein Problem in Anbetracht des durchsichtigen Deckelflansches. Was ich messen musste, war die Leistung, die der Rotor bei der gemessenen Drehzahl auf dem sehr zähflüssigen Vakuumöl freisetzen muss, um die mechanische Reibung des Öls zu überwinden. Zu diesem Zweck habe ich den Originalrotor aus dem Vakuumpumpstand in seiner Originalblechdose mit genau ebendem Originalvakuumöl in meine Torsionswaage eingebracht und mit einem feinen Kupferfaden ein Drehmoment beaufschlagt, dessen Wert ich aus vorbereitenden Experimenten zur Kalibrierung des Torsionsfadens kannte.

Auf diese Weise konnte ich die Drehzahl mit dem zum Einstellen dieser Drehzahl benötigten Drehmoment in Relation bringen und dann durch Multiplikation der Drehzahl mit dem Drehmoment die Leistung der Rotationsbewegung ausrechnen. Auch dieses Verfahren habe ich mir zunächst selbst überlegt, um dann allerdings später zu erfahren, dass die Messmethode bei Maschinenbauingenieuren durchaus gang und gäbe ist.

Glücklicherweise hatte ich zu dieser Zeit gerade Semesterferien, sodass ich meinen Urlaub dafür benutzen konnte, diese Messung aufzubauen und durchzuführen. Während des laufenden Vorlesungsbetriebs hätte ich niemals genug Zeit, um eine solche Messung aufzubauen und durchzuführen. Glücklich bin ich auch, und dafür darf ich mich bei meiner Familie besonders lieb bedanken, dass alle immer wieder die Gutmütigkeit hatten, die Wochenenden und den Urlaub damit zu verbringen, mir bei meinen Arbeiten zu helfen, anstatt ins Grüne zu fahren.

Wie auch immer: Es ist mir gelungen, den Zusammenhang zwischen der Drehzahl und der erzeugten Leistung zu bestimmen.

Von den Ergebnissen des »Overunity«-Nachweises will ich in Kürze erzählen, doch bevor ich dies tue, sei mir noch eine menschliche Bemerkung gestattet: Nachdem ich den »Overunity«-Nachweis erbracht hatte, haben mich genau diejenigen »Peers« im »Peer-Review« der Fachzeitschrift wieder abgewiesen, die mir zuvor versprochen hatten, auf einen derartigen Beweis hin mein Manuskript zur Publikation zu akzeptieren. Ich fragte nach dem Grund der Ablehnung und erhielt nur die Antworten »Wir sind ein seriöses Journal« von der einen Zeitung und »Please do not disturb us any further. The file is now closed.« (zu Deutsch »Bitte stören Sie uns nicht länger. Der Vorgang ist nun abgeschlossen.«) von der anderen Zeitung. Ich habe dann einiges an Zeit verbracht, eine Fachzeitschrift mit der nötigen geistigen Offenheit ausfindig zu machen, und schließlich ist es mir erfreulicherweise gelungen, das Internet-Journal namens *Philica* ausfindig zu machen, das auf die sonst allgemein übliche Zensur der Fachartikel verzichtet, weil man das Problem der Unterdrückung der freien

Meinungsäußerung dort kennt und dieser Schwierigkeit bewusst abhelfen will. Somit bekam ich dort die Publikationserlaubnis einfach aufgrund meines Status als Professor. Dadurch kam es, dass meine Publikation nicht nur herausgebracht, sondern auch Tausenden von Lesern zugänglich gemacht werden konnte. Auch hochbezahlte Fachkollegen an Universitäten waren darunter.

Nachdem man inhaltlich keine Kritik mehr üben konnte, ist man dazu übergegangen, das nicht sehr professionelle Design meiner Aufbauten zu bemängeln. Natürlich ist mir bewusst, dass ich aus finanziellen Gründen (weil ich meine gesamte Forschung privat bezahlte) nicht in der Lage sein würde, ein hochindustriell/professionell gefertigtes Design aufzubauen. Aber es ist immerhin beruhigend, dass die Universitätskollegen keine anderen Kritikpunkte mehr finden konnten als diesen einen. Da möge man sich doch bitte an Madame Marie Curie erinnern, die ihr Polonium zu Hause in ihren Kochtöpfen (um Temperatur zu erzeugen) durch Umrühren von Pechblende mit eigenen Händen isoliert hatte, um es zu entdecken und schließlich den Nobelpreis dafür zu bekommen. Auch dies war kein professionelles Design – ebenfalls aus Kostengründen. Aber schließlich stammt von ihr auch der hier nur sinngemäß wiedergegebene Satz: »Wenn du erst mal den Nobelpreis bekommen hast, dann dauert es nicht mehr lang, bis dich auch die Kollegen Professoren an den Universitäten akzeptieren müssen, weil es einfach nicht mehr anders geht.« Daran hat mich meine liebe Frau immer wieder erinnert, wenn ich meine Rotoren für den Vakuumpumpstand zu Hause testete, aber aus Kostengründen keinen Vakuumpumpstand aufbauen konnte, sondern den runden metallischen Rezipienten einer Vakuumkammer durch die Kochtöpfe aus unserer Küche simulierte.

Das Entscheidende dabei war für mich, herauszufinden, in welcher Weise die metallischen Wände der Kammer (des Kochtopfs bzw. der Vakuumkammer) die elektrischen Feldlinien von der Feldquelle bis zum Rotor beeinflussten. Madame Curie hat sich auf jeden Fall im

Lauf ihres Lebens, nach Erhalt der wissenschaftlichen Anerkennung, sehr stark dafür eingesetzt, kreativen Wissenschaftlern sinnvolle Arbeitsbedingungen zur Verfügung zu stellen. Leider ist es genau das, was mir fehlt, denn ich habe meine Forschung allein deshalb auf Eis legen müssen, weil mir jegliche Ressourcen fehlen. Vielleicht ginge es mir heute besser, wenn Frau Curie noch leben würde und für mich ein gutes Wort einlegen könnte. Völlig ohne Unterstützung und ohne Hilfe, ganz allein auf mich gestellt, ohne Labor, ohne Forschungsbudget, ohne Mitarbeiter, ohne Messgeräte, ohne Apparaturen und vor allem ohne Zeit – da geht eben nichts mehr. Darüber bin ich zwar traurig, aber mit leeren Händen habe ich keine Idee mehr, wie ich meine Arbeiten überhaupt wieder aufnehmen kann.

Alles, was mir bisher zur Verfügung stand, war das Geld, das meine Ehefrau mir vom Haushaltsgeld übrig lässt, und die Freizeit nach Feierabend und in den Ferien. Aber nun sind die noch offenen Aufgaben bis zum fertigen und funktionsfähigen Prototyp eines leistungsstarken Raumenergiemotors (als Gerät zur technischen Energieversorgung für die Allgemeinheit) zu groß, als dass es auf dieser Basis für mich noch Sinn machen würde, im privaten Rahmen weiter zu forschen. Um das bewältigen zu können, was an offenen Forschungsaufgaben noch aussteht, bräuchte man professionelle Forschungsmöglichkeiten, wie sie typischerweise allen Universitätskollegen zur Verfügung stehen, die an einer Universität einen Lehrstuhl haben. In der Theorie ist mein leistungsstarker Raumenergiemotor längst fertig, aber die praktische Umsetzung im Labor kann aufgrund fehlender Ressourcen nicht begonnen werden.

So, nun habe ich aber genug aus dem Nähkästchen geplaudert. Wenden wir uns nun dem versprochenen »Overunity«-Nachweis meines elektrostatischen Rotors zu.

Mit der Torsionswaage wurde, wie oben beschrieben, gemessen, welches Drehmoment zu welcher Drehzahl gehört. Multipliziert man das Drehmoment »M« mit der Drehzahl »ω«, so erhält man die Leis-

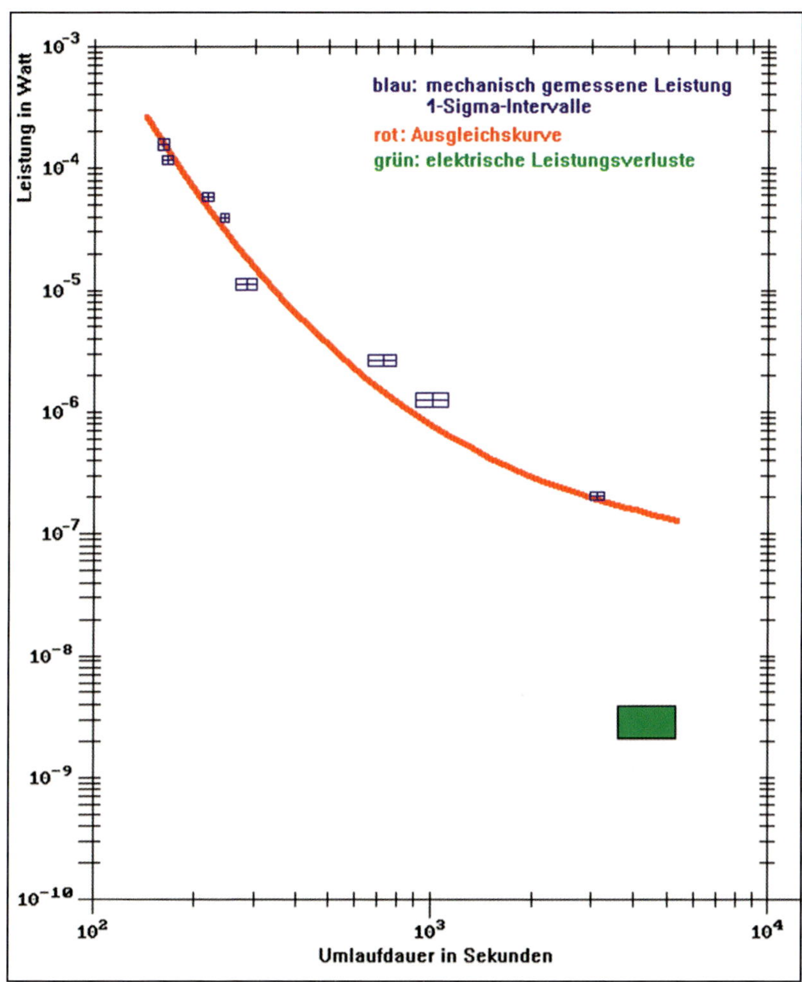

tung: $P = M \cdot \omega$, und zwar für jede Drehzahl den dazu gehörenden Wert.

Aufgetragen wurde dies in der oben stehenden Grafik mit blauen Rechtecken, wobei die Höhe und die Breite der Rechtecke die Messunsicherheitsintervalle im Sinne einer Gauß'schen Fehlerrechnung angeben.[43] Das Entscheidende ist die Erkenntnis, dass die aufgenommenen Messpunkte zu einer glatt verlaufenden Ausgleichskurve passen, die wiederum in der Grafik in roter Farbe eingetragen ist. Wir haben also einen praktisch messtechnisch ermittelten Zusammenhang zwischen der Drehzahl, die hier in der Grafik in Form der Umlaufdauer pro Umdrehung angegeben ist, und der dafür benötigten mechanischen Leistung bestimmt. Namentlich ist dies diejenige mechanische Leistung, die der sich drehende Rotor aufgrund seiner Drehung an das sehr zähflüssige Öl abgibt, auf dem er schwimmt.[44]

Um die Frage nach der »Overunity« beantworten zu können, müssen wir die rote Kurve der mechanischen Leistung mit dem in grüner Farbe eingetragenen Messwert der elektrischen Leistung vergleichen. Natürlich muss die mechanisch erzeugte Leistung größer sein als die elektrisch aufzuwendende Leistung.

Dabei wird die elektrische Leistung ermittelt als Produkt der Spannung und des Stromes, also $P=U \cdot I$. Darin ist die Spannung »U« sehr gut konstant gehalten, der Strom ist aber winzigst (im Picoampere-Bereich) und zeigt daher ein merkliches Rauschen. Aus diesem Grunde wurde er elektronisch aufgezeichnet, als Funktion der Zeit, sodass zur Leistungsberechnung Integralmittelwerte verwendet werden konnten. Der Messwert von U=29 700 Volt ist kein Problem, die Messung des Stroms von $I=(0{,}100 \pm 0{,}030)$pA ist hingegen eine echte Herausforderung, die nur zu bewältigen war, weil mein Messpartner an der Magdeburger Universität die entsprechende Ausrüstung im Labor hatte (bis hin zu geschirmten Kabeln und Messgeräten) und als ausgebildeter Elektroingenieur hervorragend damit umgehen konnte. Man muss sich das mal auf der Zunge zergehen lassen und die Einheit Picoampere ausschreiben: I = 0,100 pA = 0,000 000 000 000 100 Ampere. Dass das Rauschen in der Strommessung trotzdem noch immer circa 30 Prozent des Messwertes ausmacht (daher rührt die in der Grafik eingetragene relativ große Messunsicherheit bei der elektrischen Leistungsmessung), ist nicht weiter schlimm, weil der Strom so gering ist, dass die elektrische Leistungsaufnahme vernachlässigbar klein ist im Vergleich zur mechanischen Leistungsabgabe. Wir messen:

- eine elektrische Leistungsaufnahme von $P_{el} = 29700 V \cdot (0{,}100 \pm 0{,}030) pA = (2{,}97 \pm 0.89) nW$
- im Vergleich zur mechanischen Leistungsabgabe von $P_{mech} = (150 \pm 50) nW$ [45]

Die elektrische Leistungsaufnahme ist in der Grafik als grünes Rechteck eingetragen, wobei die Höhe und die Breite des Rechtecks abermals die Messunsicherheiten im Sinne einer Gauß'schen Fehlerrechnung angeben. Wie wir offensichtlich sehen, liegt das grüne Rechteck des elektrischen Leistungsaufwands für den Antrieb deutlich unter der roten Kurve der erzeugten Leistung. Dass heißt, dass wir elektrisch wesentlich weniger Leistung hineinstecken, als wir mechanisch herausbekommen.

Wie groß ist nun die »Overunity«? Das ist ganz einfach auszurechnen, indem wir die Leistungen durcheinander dividieren. Der Wirkungsgrad in Bezug auf klassische Energieformen beträgt (8):

$$\eta = \frac{P_{mech}}{P_{el}} = \frac{150\, nW}{2.97\, nW} = 5050\,\%$$

Eine gewaltige »Overunity« ist das. Wenn wir uns das in der Grafik veranschaulichen wollen, müssen wir daran denken, dass die Achsenskalierung nicht linear aufgetragen ist (sondern doppelt-logarithmisch), sodass die Drehzahlen und die Leistungen ziemlich weite Bereiche von Werten überstreichen.[46] 5050 Prozent, das ist etwas mehr als ein Faktor 50, und wenn wir die Skalierung der Achsen anschauen, dann sehen wir das auch.

Wie man einen derart gewaltig großen Wirkungsgrad bekommt, ist ganz einfach: Von der Idee her ist mein elektrostatischer Rotor ein Selbstläufer, denn man muss ihn nur einmalig mit einer Initialisierungsenergie starten, und dann läuft er ohne weitere klassische Energiezufuhr dem Prinzip nach im Idealfall endlos – angetrieben allein nur durch Raumenergie. Im Realfall ist natürlich die Isolation nicht ganz perfekt (»nobody is perfect«), sodass von der Feldquelle ein wenig Ladung verloren geht. Nur um diese Isolationsverluste auszugleichen, müssen wir vom Power-Supply, also von der Hochspannungsversorgung aus, permanent ein ganz kleines bisschen elektrische Ladung nachführen, und dazu braucht man eine kleine elektrische Leistung. Und dieses kleine bisschen an elektrischer Leistung, das wir zur Kompensation der elektrischen Isolationsverluste nachführen müssen, beträgt nicht einmal ganz ein Fünfzigstel, also etwas weniger als 2 Prozent dessen, was der Selbstläufer an mechanischer Energie freisetzt. Das ist aber nicht eine Frage des Prinzips, sondern nur eine Frage der Qualität der Isolation. Und um diese Isolation wirklich gut genug hinzubekommen, war es nötig, die Moleküle der Luft zu entfernen.

Damit ist klar, dass der elektrostatische Rotor mindestens zu mehr als 98 Prozent aus Raumenergie versorgt wird, wahrscheinlich sogar zu 100 Prozent, wenn man die Isolationsverluste berücksichtigt. Das ist der praktische Nachweis von Raumenergiewandlung. Eigentlich sollten wir uns über diesen Erfolg wirklich freuen!

Die Publikation der Ergebnisse war kein Problem, denn inzwischen hatte ich ja *Philica* gefunden, das Fachjournal ohne Zensur. An dieser Stelle hatte ich zunächst meine Forschungsarbeit für beendet gehalten, da ich durch die Tatsache, völlig ohne jegliche Hilfe und Unterstützung arbeiten zu müssen, ziemlich erschöpft war. Noch mehr erschöpft hat es mich, noch immer von der Fachwelt der offiziellen Großforschungseinrichtungen völlig ignoriert zu werden. Also habe ich meine Ergebnisse publiziert und verkündet, dass ab nun Ingenieure diese Arbeit fortsetzen mögen.

Plötzlich und unerwartet kamen zu diesem Zeitpunkt Leute aus der Raumenergiegemeinde auf mich zu und baten mich um Vorträge. Damit wurde mir zum ersten Mal bekannt, dass es außer den Großforschungseinrichtungen auch noch eine Raumenergie-Forscherszene gibt, die zwar nicht flächendeckend über professionelle Ressourcen verfügt, wie dies bei Großforschungseinrichtungen der Fall ist, die dafür aber über umso mehr Enthusiasmus und geistige Offenheit zeigt. Diese Leute halfen mir, das Schweigen der Großforschungseinrichtungen zu ignorieren, indem sie meine Ergebnisse im Internet *für alle Menschen* verbreiteten. Da ich immer nach dem Open-Source-Prinzip gearbeitet hatte, wie es in der Wissenschaft eigentlich üblich ist, war ich für diese Informationsverbreitung absolut offen, und schließlich hat mir dieser Weg auch geholfen, meine Ergebnisse vielen Menschen nahezubringen.

Da ich aber mit dem Energiekreislauf der elektrischen Felder und dem Energiekreislauf der magnetischen Felder, die beide aufgrund der Ausbreitungsgeschwindigkeit der Felder mit (endlich großer) Lichtgeschwindigkeit existieren, die theoretische Basis für die Konversion und die Nutzung von Raumenergie geschaffen hatte – und da ich weiterhin mit einem handfesten Experiment in einem Universitätslabor meine theoretischen Grundlagen verifiziert hatte –, hatte ich nach der Publikation all dieser Ergebnisse sehr stark darauf gehofft, dass es andere Menschen geben würde, zumindest in der Raumenergiegemeinde, die an meinen Arbeiten ansetzen und diese weiterführen würden. Das ist zunächst nicht geschehen, leider und zu meiner großen Enttäuschung.

Erst wesentlich später, nach langwierigen weiterführenden theoretischen Arbeiten meinerseits, kamen zahlreiche Leute aus der Raumenergiegemeinde auf die Idee, meine Konzepte nachzubauen, aber davon erzählen wir am Ende des nächsten Kapitels. Das Problem ist nämlich, dass die Leute in der Raumenergiegemeinde nicht die nötigen Forschungsressourcen haben, um das wirklich umsetzen zu können, was man zum Bau des Prototypen eines Raumenergiekonverters wirklich bräuchte. Es ist ein Jammer: Auf der einen Seite sitzen abgestumpfte Vollprofis, die für viel Geld einen Forschungsjob herunterreißen, ohne dass man Herzblut dabei erkennen könnte; auf der anderen Seite sitzen in privaten Werkstätten hochmotivierte Bastler, die kein Geld für ihre Forschung bekommen und deshalb sich auch nicht die Geräte kaufen können, die man bräuchte, um mit Erfolg die Forschungsprobleme lösen zu können. Was zum Erfolg fehlt, ist jemand mit Herzblut und Ressourcen. Gäbe man mir die Ressourcen, dann könnte ich mit meinem Herzblut diesen Weg gehen. Aber ich bin mit Sicherheit bei Weitem nicht der Einzige, dem es so geht.

Der Vollständigkeit halber möchte ich erwähnen, dass die relativ kostspieligen professionellen Forschungsressourcen nur bis zum Bau des ersten funktionsfähigen Prototyps eines Raumenergiemotors nötig sind. Die Serienproduktion wird dann natürlich sehr preisgünstig, etwa so preisgünstig wie ein klassischer Elektromotor gleicher Leistung, aber das geht erst, nachdem der erste Prototyp fertiggestellt ist. Es ist ähnlich wie mit den Taschenrechnern: Sie können heute im Supermarkt für 3,95 Euro so ein Gerät kaufen, aber die Erfindung des allerersten Prototyps war nicht für wenig Geld im Hobbybereich möglich.

Nachdem ich also im Experiment nicht weiterkommen konnte, habe ich in der Theorie die Konstruktion eines leistungsstarken Raumenergiemotors fertiggestellt, der für die technische Energieversorgung der Allgemeinheit geeignet wäre. Auch wenn ich nicht die Möglichkeiten habe, mit dem Bau eines solchen Geräts zu beginnen, so möchte ich doch wenigstens im nachfolgenden Kapitel die Theorie vorstellen.

4
Konzepte für leistungsstarke Raumenergiekonverter

4.1 Das Grundprinzip magnetischer Konverter

Wenn ich auf mein Magdeburger Experiment mit dem elektrostatischen Rotor zurückblicke, dann kommt natürlich die Frage: Auch wenn das Experiment erfolgreich war – was kann die Menschheit mit 150 Nanowatt anfangen? Für eine technische Energieversorgung ist diese Leistung viel zu klein, sozusagen kaum wahrnehmbar, gerade mal 0,000 000 15 Watt.

Trotzdem kann ich ganz klar benennen, was die Menschheit damit anfangen kann: Es ist ein für alle sichtbarer Beweis, dass es im Quantenvakuum eine Energiequelle gibt, die man nutzen kann. Es ist ein wissenschaftlicher Grundlagennachweis.

Nun war der Rotor in der Vakuumkammer geometrisch eher klein, hatte einen Durchmesser von nur wenigen Zentimetern, könnte also bequem vergrößert werden. So fragen wir, wie weit man ihn vergrößern muss, um zum Beispiel 100 kW zu erzeugen. Mit den für meine Fachpublikationen entwickelten Formeln bin ich in der Lage, die dafür nötige Größe abzuschätzen, und finde einen Aufbau von vielleicht 40 m · 40 m · 40 m. Das ist viel mehr als eine ganze Turnhalle, eindeutig zu viel für eine 100-kW-Maschine, wie man sie heute in der Größe eines Automotors kaufen kann.

Was lernen wir daraus? Dass mein elektrostatischer Rotor und dessen Funktionsprinzip für die technische Energieversorgung der Menschheit ungeeignet ist. Damit bleibt mein Magdeburger Experiment ein wissenschaftliches Grundlagenexperiment der Experimentalphysik. Genau das wollte es von Anfang an auch sein: Ein Experiment mit einem interessanten Ergebnis. Aber die Anwendung zur allgemeinen Energieversorgung muss man anders aufbauen. Wie groß diese Änderungen sein müssen, sehen wir durch eine sehr fundamentale Überlegung zur Energiedichte der Felder. Wie der Name schon sagt, folgt mein elektrostatischer Rotor einem elektrostatischen Prinzip, nutzt also elektrostatische Felder. Deren Energiedichte lässt sich ganz einfach mit bekannten Lehrbuchformeln ausrechnen, so wie ich dies in Gleichung 9 (unten) vorführe, und zwar für ein Feld mit einer Feldstärke von 30 kV/cm. Höhere Feldstärken kann man nicht einsetzen, weil dann Überschläge stattfinden. Umgangssprachlich würde man sagen, die elektrische Spannung »spratzelt« bei noch höheren Feldstärken. [47]

Die Formel 9 muss man übrigens nicht nachrechnen können, sondern es genügt, das Ergebnis zu sehen: Elektrostatische Felder, so wie man sie praktisch herstellen kann, haben eine Energiedichte von maximal knapp 40 Joule pro Kubikmeter. Mehr geht nicht, weil sonst die Funken fliegen. Wir werden den Wert in Kürze mit der Energiedichte praktisch erzeugbarer Magnetfelder vergleichen, die sich als wesentlich höher erweisen wird (9).

$$\left.\begin{array}{l} u_{el} = \frac{\varepsilon_0}{2} \cdot |\vec{E}|^2 \\ |\vec{E}| = 30 \frac{kV}{cm} \end{array}\right\} \Rightarrow u_{el} = \frac{8.854 \cdot 10^{-12} \frac{As}{Vm}}{2} \cdot \left| 30 \cdot \frac{1000V}{0.01m} \right|^2 = 39.9 \frac{J}{m^3}$$

Wenn wir nämlich nicht auf einem elektrostatischen Prinzip beharren, sondern auf ein magnetisches Prinzip wechseln, dann verwenden wir nicht elektrostatische Felder, sondern Magnetfelder. Und die haben wiederum den grandiosen Vorteil, eine wesentlich höhere Energiedichte zu besitzen als elektrostatische Felder. (Das geht nicht zuletzt auch deshalb, weil bei Magnetfeldern keine Funken springen.) Wir sehen das, indem wir Formel 9 mit Formel 10 vergleichen. Die in Formel 10 eingesetzten Zahlenwerte basieren der Einfachheit halber auf einem kleinen, handelsüblichen Dauermagneten aus seltenen Erden, wie man ihn bequem im Internet für circa 10 Euro bestellen kann. Solche Magneten haben typischerweise ein Magnetfeld bis zu 2 Tesla. [48]

Für das magnetische Feld ergibt sich dann nämlich eine Energiedichte von 1,6 Millionen Joule pro Kubikmeter, und das ist deutlich mehr als 40 Joule pro Kubikmeter. Ich ziehe zur Veranschaulichung des Unterschiedes hin und wieder Vergleiche mit meinem Geldbeutel. Der enthält nämlich zuweilen 40 Euro, aber 1 600 000 Euro hat er noch nie enthalten, und so viel Geld könnte ich mir auch gar nicht vorstellen. Das würde gar nicht hineinpassen, davon würde er platzen.

$$\left.\begin{array}{l} u_{mag} = \frac{\mu_0}{2} \cdot |\vec{H}|^2 = \frac{\mu_0}{2} \cdot \left|\frac{\vec{B}}{\mu_0}\right|^2 \\ |\vec{B}| = 2.0T \end{array}\right\} \Rightarrow u_{mag} = \frac{4\pi \cdot 10^{-7} \frac{Vs}{Am}}{2} \cdot \left| \frac{2T}{4\pi \cdot 10^{-7} \frac{Vs}{Am}} \right|^2 = 1.600.000 \frac{J}{m^3}$$

Also: Eine wesentlich höhere Energiedichte heißt viel mehr Energie pro Volumen oder viel weniger Volumen für eine gegebene Menge an Energie. Die Konsequenz ist, dass wir deutlich weniger Platz brauchen, um eine benötigte Menge an Energie zu speichern oder zu verarbeiten. 1 600 000 ist genau das 40 000-Fache von 40, also wird das Volumen des Raumenergiekonverters um einen Faktor von circa 40 000 kleiner, wenn wir vom elektrostatischen Feld auf das Magnetfeld wechseln (sofern wir von gleicher Arbeitseffizienz der Konverterprinzipien ausgehen). Wir kommen dann weg von einem Volumen mit 40 m · 40 m · 40 m, hin zu einem Volumen von 1,20 m · 1,20 m · 1,20 m. [49] Das ist ein Würfel mit Kantenlängen von jeweils einem Meter und 20 Zentimetern. Für einen 100-kW-Raumenergiekonverter, der nach einem magnetischen Prinzip arbeitet, ist das eine absolut praktikable Abmessung. So etwas passt nicht nur in jeden Haushalt, sondern man könnte zum Beispiel auch mit 0,60 m · 1,20 m · 1,20 m einen 50-kW-Automotor bauen, der ohne Benzin läuft. Spielraum für eine Optimierung und Erhöhung der Leistung ist natürlich immer reichlich vorhanden.

Diese sehr einfachen Abschätzungen der Größenordnungen waren für mich der Anlass, mich mit dem elektrostatischen Prinzip nicht weiter zu beschäftigen, sondern dieses als erfolgreiches Grundlagenexperiment zu belassen. Die Zukunft der leistungsfähigen Raumenergiemaschinen zum Zwecke der allgemeinen Energieversorgung liegt meiner Meinung nach bei magnetischen Prinzipien. Infolgedessen stellt sich nun die Frage, auf welchem Wege ich eine Möglichkeit finden kann, dem Raumenergie-Feld-Kreislauf der magnetischen Felder in völliger Analogie zu dem Verfahren Energie zu entziehen, wie ich das seinerzeit mit dem Energiekreislauf der elektrostatischen Felder gemacht habe.

Der allererste Analogieansatz ersetzt die Metallscheibe, die die Feldquelle bildet, durch einen Dauermagneten und die metallischen elektrostatischen Rotorblätter durch Supraleiter. Im Foto unten rechts sieht man sogenannte YBaCuO-Hoch-Tc-Supraleiter, die fast schwarz sind und die in Plastikschalen liegen, welche mit flüssigem Stickstoff aufgefüllt werden, um die Supraleiter zu kühlen.[50]

Die Analogie zwischen beiden Systemen ist recht weitreichend, und das Drehmoment lässt sich auch in analoger Weise gut berechnen. Es ist übrigens erstaunlicherweise beim magnetischen Rotor nicht gewaltig größer als beim elektrostatischen Rotor. Zum Drehen des Rotors müsste es aber auch im magnetischen Fall problemlos ausreichen, und das habe ich in der Praxis tatsächlich beobachtet. Allerdings konnte ich nur eine halbe bis maximal knapp eine Umdrehung

erzeugen, weil es einen grundsätzlichen Unterschied zwischen den elektrostatischen und den magnetischen Systemen gibt. Die elektrostatischen Kräfte sind nämlich anziehend, wohingegen die magnetischen Kräfte abstoßend sind, weil der Supraleiter die Magnetfeldlinien nicht in sein Inneres hineinlässt.

Praktisch bedeutet dies, dass der Selbstjustagemechanismus, der den elektrostatischen Rotor mittig unter die Feldquelle zieht, im magnetischen Fall nicht verwendet werden kann, weil die Magnetfeldlinien den supraleitenden Rotor aus dem Feld hinausdrängen, also vom Magneten wegschieben. Der Selbstjustagemechanismus des elektrostatischen Rotors wird also im magnetischen Fall zu einem störenden Selbst*de*justagemechanismus, demzufolge die schwimmende Lagerung des Rotors grundsätzlich im magnetischen Fall unmöglich wird (man hätte den Rotor ja auf flüssigem Stickstoff schwimmen lassen können), weil der Rotor immer vom Magneten wegschwimmt, im Gegensatz zum elektrostatischen Rotor, der immer zur Feldquelle hinschwimmt. Also musste ich den supraleitenden Rotor auf einer Spitzenlagerung fixieren, damit er nicht vom Magneten weg kann, aber dadurch ging die Möglichkeit verloren, dass sich der Rotor die optimale Position und den optimalen Weg sucht, um rotieren zu können. Dieser Mechanismus war aber absolut notwendig für das Funktionieren des elektrostatischen Rotors, wie die nachfolgende Untersuchung beweist.

Eine fotografische Beobachtungsmessung zeigt nämlich, dass sich der schwimmend gelagerte elektrostatische Rotor nicht ortsfest dreht, sondern dass sich der Rotationsmittelpunkt permanent auf der Flüssigkeitsoberfläche hin- und herbewegen muss, um eine Rotation zu ermöglichen (siehe Diagramm Seite 102). Halte ich hingegen den Rotationsmittelpunkt des elektrostatischen Rotors durch eine Metallachse in einem Glaszylinder fest, so deaktiviere ich den Selbstjustagemechanismus und die Rotation kann nicht mehr frei stattfinden. In diesem Fall funktioniert die Drehung des elektrostatischen Rotors nicht mehr.

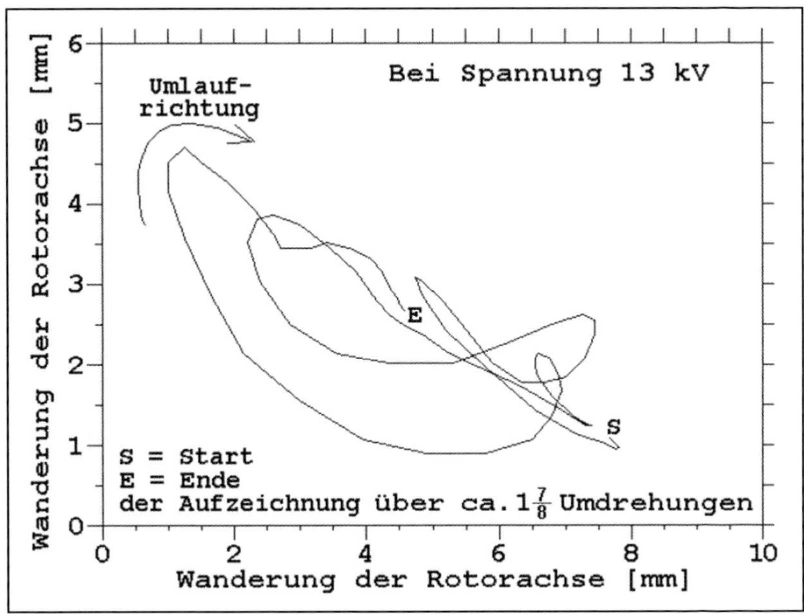

Das Bild zeigt zweidimensional die Wanderung der Rotationsachse auf der Lagerungsflüssigkeit. Mit einer Filmkamera habe ich zu diesem Zweck die Spur des Rotormittelpunkts auf der Flüssigkeitsoberfläche aufgezeichnet.

Genau das Sperren der Selbstjustage passiert bei der Spitzenlagerung, denn diese sperrt die Bewegung in lateraler Richtung komplett, und dann kann sich der Rotor nur noch drehen, wenn die Fertigungspräzision der Rotorblätter extrem genau ist und außerdem das antreibende Magnetfeld sehr gut homogen ist. Aber ebendies kann ich mit meinen privaten Mitteln im eigenen Werkstattkellerraum nicht leisten. Erschwerend hinzu kommt noch, dass es nicht ganz billig ist, ein homogenes Magnetfeld herzustellen. Den im Bild auf Seite 100 gezeigten Dauermagneten habe ich bettelnder Weise von einem Magnetenhersteller bekommen, wobei mir der Hersteller allerdings mitteilte, dass eine Feldinhomogenität $\Delta H/H$ von etlichen Prozent durchaus vorhanden sei. Vor dem Experiment wusste ich nicht, ob diese Inhomogenität zu groß sein würde, um eine kontinuierliche

Drehung des Rotors zu erlauben. Durch das Experiment lernte ich, dass dies leider der Fall ist, besonders deshalb, weil der Selbstjustage-Mechanismus, den ich vom elektrostatischen Rotor her kannte, nicht mehr funktioniert.[51] Daraufhin stellte ich Überlegungen zur benötigten Feldhomogenität an, um nach mehrmonatigen Computersimulationen herauszufinden, dass ich eine Feldhomogenität von $\Delta H/H < 10^{-4} = 0{,}01$ Prozent benötigen würde, damit sich der Rotor kontinuierlich drehen könnte. Der Wert hängt auch sehr stark von der vorhandenen Fertigungspräzision des Rotors ab. Davon liege ich mit der Fertigungspräzision des privaten Hobbybereichs um Größenordnungen entfernt.

Um den Sachverhalt auch für Nichtfachleute zu veranschaulichen, beschreibe ich die benötigte Feldhomogenität in Worten:

- Mit dem vorhandenen Dauermagneten habe ich eine Feldinhomogenität von einigen Prozent erreicht.
- Für eine kontinuierliche Drehung des Rotors kann ich eine Feldinhomogenität von etwas weniger als einem Hundertstel Prozent verkraften.

Machbar ist das, wenn man bedenkt, dass Magnetspintomographen, wie sie in der Medizin verwendet werden, Feldinhomogenitäten im ppm-Bereich erreichen, also nur wenige 10 000stel Prozent. Aber bezahlbar ist so ein Magnet für mich natürlich nicht, wenn man bedenkt, wie teuer die Magnetspintomographen in den Kliniken sind. Hätte man eine Großforschungseinrichtung im Hintergrund, dann könnte man die Kollegen aus dem Fachbereich Medizin darum bitten, für ein paar Tage ein vorhandenes Gerät für Messzwecke benutzen zu dürfen.

Ein Erfolg des magnetostatischen Rotors zu einer Endlosdrehung scheiterte also letztlich an der technischen Realisierung, die mir aufgrund der fehlenden professionellen Forschungsressourcen nicht möglich war. Es ist also ein nichttechnisches Problem, das hier weitere Fortschritte verhindert hat. Dass es im Grunde genommen möglich sein sollte, mit einem Magneten einen Rotor aus supraleitenden Rotorblättern zu drehen, scheint höchst wahrscheinlich, zumal die Drehung ja bereits im Experiment begonnen hat. Aber: An dieser Stelle mögen bitte alle Hobbybastler erkennen, dass es keinen Sinn hat, im privaten Rahmen eine seriöse und niveauvolle Raumenergieforschung machen zu wollen. Auf diesem Hintergrund zähle ich auch kleinere Firmen mit zum Beispiel zwanzig oder fünfzig Mitarbeitern, die mich dutzendweise kontaktieren, um mir ihre Arbeitsmöglichkeiten anzubieten, zu den Hobbybastlern, denn keine dieser kleinen Firmen sieht sich wohl ernsthaft in der Lage, neben einem Magnetspinresonanztomographen auch noch flüssigen Stickstoff zur Verfügung zu stellen. Mit anderen weiteren technischen Voraussetzungen, die im Hobbybereich und bei kleinen Privatfirmen ebenfalls fehlen, verhält es sich ähnlich.

So schade es ist, aber an dieser Stelle wird klar, dass ich auf so einfache Weise einen magnetischen Rotor nicht testen kann. Wirklich schlimm sind die fehlenden Ressourcen an dieser Stelle hier trotzdem noch nicht, denn für die praktische Energieversorgung der Allgemeinheit macht es keinen ernsthaften Sinn, einen Raumenergiemotor zu bauen, der zum Betrieb mit flüssigem Stickstoff betankt werden müsste. Zum Problem werden die fehlenden Ressourcen an einer ganz anderen Stelle, die ich weiter unten im vorliegenden Buch beschreibe, wenn es nämlich um den Bau von Raumenergiemotoren geht, die für die praktische Energieversorgung der Allgemeinheit durchaus ernsthaften Sinn machen.

Immerhin weisen die Viertel-, die halbe und die Dreiviertelumdrehung, die ich tatsächlich beobachten konnte, darauf hin, dass es auch im Falle der magnetischen Systeme möglich sein sollte, einen Raumenergiekonverter zu entwickeln. Machen wir uns also gleich an die Arbeit und überlegen wir, ob es uns auch ohne flüssigen Stickstoff gelingen kann, einen Magnetkonverter zu bauen. Wir finden die erfreuliche Antwort: Yes we can!

Die entscheidende Grundlage ist das Verständnis des Feldbegriffs, egal ob elektrostatisches oder magnetisches Feld. Die Funktionsweise meiner bisherigen Experimente basiert in Übereinstimmung mit der Relativitätstheorie darauf, dass sich die Feldstärken mit Lichtgeschwindigkeit ausbreiten, und diese nun inzwischen experimentell verifizierte Grundlage will ich weiter verwenden. Es gibt Physiker-Fachkollegen, die mich darauf hinwiesen, dass sich ihrer Meinung nach nicht die Feldstärke, sondern nur Änderungen der Feldstärke mit Lichtgeschwindigkeit ausbreiten. Für mich ist das kein Problem, denn die theoretischen Grundlagen der Raumenergiekonversion, die ich im weiteren Verlauf des Buches mit Bezug auf Magnetkonverter vorstellen werde, funktionieren auch dann, wenn sich nur die Änderungen der Feldstärke mit Lichtgeschwindigkeit ausbreiten und nicht die Felder selbst.[52] Trotzdem bin ich der Meinung, dass sich auch die Feldstärke selbst mit Lichtgeschwindigkeit ausbreitet, auch wenn diese rein akademische Diskussion für die Funktionsweise der von mir entwickelten Magnetkonverter keine Rolle spielt. Das akademische Argument für meine Behauptung ist nämlich dieses: Wir beginnen unsere Betrachtung zu dem Zeitpunkt, zu dem eine Ladung oder ein Magnet beginnt zu existieren, egal ob der Ladungsträger durch eine Elementarteilchenreaktion geschaffen wurde oder bereits beim Anbeginn der Welt entstanden ist oder ob ein Magnet zu einem bestimmten Zeitpunkt aufmagnetisiert wurde.

Auf jeden Fall gilt: Ab diesem Anfangszeitpunkt der Betrachtung nimmt unsere Ladung oder unser Magnet seine Aufgabe als Quelle eines Feldes wahr, und ab diesem Moment wird ein Feld ausgesandt. Von diesem Zeitpunkt an breitet sich das Feld mit Lichtgeschwindigkeit in den Raum hinein aus, sodass es von einem Beobachter nur dann gesehen werden kann, wenn der Beobachter nicht zu weit von der Ladung entfernt ist, sodass das Feld ihn aufgrund seiner endlichen Ausbreitungsgeschwindigkeit bereits erreicht hat. Die Feldquelle wandelt nun permanent Raumenergie in Feldenergie um, sodass die vom Feld erfüllte Kugel sich mit Lichtgeschwindigkeit ausdehnt.

Daran zweifelt niemand, und logischerweise geht das nur, sofern das Feld, permanent von der Feldquelle ausgehend, mit Lichtgeschwindigkeit nachströmt.

Wie auch immer – ich möchte mich hier nicht noch länger in einer rein akademischen Diskussion ergehen und will daher nun meine Theorie der Raumenergiekonversion verbreiten, die sowohl dann funktioniert, wenn sich die Feldstärke mit Lichtgeschwindigkeit ausbreitet, als auch wenn sich nur Änderungen der Feldstärke mit Lichtgeschwindigkeit ausbreiten. Die physikalische Grundlage dazu findet man übrigens auch in Standardlehrbüchern der theoretischen Physik, und zwar unter dem Namen der »retardierten Potenziale nach Liénard und Wiechert«. Sie ist also allgemein anerkannt. Und wenn wir die so zitierte endliche Ausbreitungsgeschwindigkeit der Felder (oder deren Änderungen) verstehen wollen, betrachten wir die unten stehende grafische Veranschaulichung.

Dort sehen wir zwei Wechselwirkungspartner, egal ob es elektrostatische Ladungen oder Magneten sind, die mit den Bezeichnungen

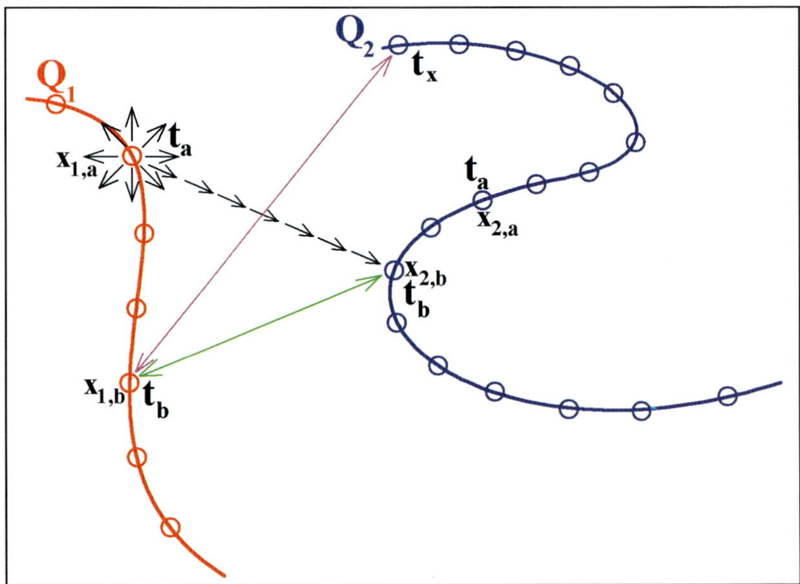

Q_1 und Q_2 markiert wurden. Dass sie miteinander in Wechselwirkung stehen, heißt nichts weiter, als dass sie Kräfte aufeinander ausüben. Diese Kräfte werden durch elektrostatische bzw. durch magnetische Felder vom einen Partner zum anderen übertragen. Wenn nun die beiden Partner sich nicht bewegen, also im Raum ruhen (relativ zu unserem Labortisch), dann entscheidet der Abstand zwischen den beiden Partnern über das Ausmaß der Kraft. Wir wissen ja, dass zwei Magneten sich umso stärker anziehen oder abstoßen, je näher sie beieinander sind. Für zwei elektrostatische Ladungen gilt das ebenso. Ändern wir nun den Abstand der beiden Magneten zueinander, dann müssen wir Arbeit verrichten, denn Arbeit ist Kraft mal Weg und wir bewegen die Magneten über einen bestimmten Weg mit einer bestimmten Kraft. Arbeit, die in der Lage der Magneten zueinander gespeichert ist, heißt Energie (nämlich potenzielle Energie). Bewegen wir zwei Magneten relativ zueinander und kehren wir dann wieder zum Ausgangspunkt der Bewegung zurück, so ist nach der Bewegung (also bei der Rückkehr zum Ausgangspunkt) die gespeicherte Energie genauso groß wie vor der Bewegung – und zwar in Bezug auf klassische Energieformen (ohne Berücksichtigung der Raumenergie). Diese physikalische Aussage ist eine der Konsequenzen der Energieerhaltung für klassische Energieformen. Bis hierhin ist in die Überlegung noch keinerlei Gedanke an die Raumenergie eingeflossen. Wir kennen dies alles aus dem Schulunterricht.

Nun wollen wir aber neue Wege gehen, die die Raumenergie mit in die Energieerhaltung einbeziehen, und dazu müssen wir die Magneten (bei Ladungen ist es ebenso) sehr schnell bewegen, damit wir die Raumenergie anzapfen können. Zum Zweck dieser extrem hohen Bewegungsgeschwindigkeit der Magneten müssen wir diese auf einen ernsthaften Prozentsatz der Bewegungsgeschwindigkeit der Felder (oder der Feldänderungen) bringen, also der Lichtgeschwindigkeit. Die Raumenergiekonversion funktioniert also nur, wenn wir die Magneten sehr, sehr schnell bewegen, und daraus ergeben sich technische Herausforderungen, die nicht zu unterschätzen (und im heimischen Bastelkeller nicht zu bewältigen) sind.

Betrachten wir nun, wie die Magneten miteinander in Wechselwirkung treten, wenn sie sich mit der genannten hohen Geschwindigkeit bewegen. Dazu kehren wir mit unserer Aufmerksamkeit nochmals zurück auf das zuletzt gezeigte Bild der beiden Wechselwirkungspartner Q_1 und Q_2.

Wir lassen dort den Magneten Q_1 entlang seiner rot gezeichneten Bahnkurve von links oben nach links unten laufen und den Magneten Q_2 entlang seiner blau gezeichneten Bahnkurve von rechts oben nach rechts unten. Zum Zeitpunkt t_a erreicht der Magnet Q_1 den Ort $x_{1,a}$ und der Magnet Q_2 den Ort $x_{2,a}$. Wir betrachten nun zu einem späteren Zeitpunkt die Kraft, die Q_1 auf Q_2 ausübt, und zwar zum Zeitpunkt t_b, zu dem der Magnet Q_1 den Ort $x_{1,b}$ erreicht hat und der Magnet Q_2 den Ort $x_{2,b}$. Um die Kraft zu diesem Zeitpunkt bestimmen zu können, müssen wir die Historie der Bahnkurven (der Magneten) vom Zeitpunkt t_b zum Zeitpunkt t_a zurückverfolgen. Bei t_a hatte nämlich der Magnet Q_1 dasjenige Feld erzeugt (und ausgesandt), dessen Feldlinien (vektoriell) in Form acht kleiner radialer Pfeile um $x_{1,a}$ symbolisiert sind. Einen dieser Pfeile verfolgen wir bei seinem Lauf durch Raum und Zeit von $x_{1,a}$ zum Ort $x_{2,b}$ bzw. von der Zeit t_a zur Zeit t_b. Die so markierte Strecke legt das mit kurzen schwarzen Pfeilen markierte Wechselwirkungsfeld im zeitlich-räumlichen Verlauf von $(\vec{x}_{1,a}, t_a)$ bis $(\vec{x}_{2,b}, t_b)$ zurück und trifft dort auf den Wechselwirkungspartner Q_2. *Wir müssen also eine gleichzeitige Bewegung der beiden Wechselwirkungspartner und der Wechselwirkungsfelder berücksichtigen!* Das ist der entscheidende Punkt.[53] Demnach spürt Q_2 zum Zeitpunkt t_b eine Magnetkraft entsprechend der Wechselwirkungsdistanz $\vec{r} = \vec{x}_{2,b} - \vec{x}_{1,a}$ (entsprechend der von der Linie aus schwarzen Pfeilen zurückgelegten Strecke), und zwar nach der dynamischen Betrachtung der endlichen Ausbreitungsgeschwindigkeit des Feldes (der sogenannte FPGW-Ansatz). Diese Wechselwirkungsdistanz unterscheidet sich von der rein statischen klassischen Näherungsbetrachtung (die Näherung liegt im Weglassen der Zeit) der Magnetkraft ohne Berücksichtigung der endlichen Laufgeschwindigkeit der Felder (näherungsweise breiten sich dann die Felder unendlich schnell aus). Letztere gibt gemäß $\vec{r} = \vec{x}_{1,b} - \vec{x}_{1,a}$ nämlich die statische Näherung ohne Berücksichtigung der Zeit wieder, wobei die Wechselwirkungsdistanz dem grünen Pfeil in der Abbildung entspricht. In diesem Sinne verstehen wir, dass die Ladungen aufgrund ihrer sehr schnellen Bewegungen andere Kräfte aufeinander ausüben, als wenn sie sich langsam (oder gar nicht) bewegen würden.

Die Kraft, die Q_1 auf Q_2 zur Zeit t_b ausübt, unterscheidet sich übrigens von der Kraft, die Q_2 zum selben Zeitpunkt t_b auf Q_1 ausübt, sodass die exakte Betrachtung der fundamentalen Wechselwirkungen (unter Berücksichtigung der endlichen Laufgeschwindigkeit der Felder) eine Zeitverschiebung in das Newton'sche Axiom von »actio = reactio« einführt. Q_2 hatte nämlich zum Zeitpunkt t_x dasjenige Wechselwirkungsfeld emittiert, welches eine Wechselwirkungsdistanz entsprechend dem violetten Pfeil durchlaufen musste, um zum Zeitpunkt t_b den Wechselwirkungspartner Q_1 zu erreichen, sodass Kraft und Gegenkraft zum Zeitpunkt t_b weder dem Betrage noch der Richtung nach identisch sind. Will man die nach Newton zueinander gehörenden Kräfte »Actio« $(\vec{F}_{1,2})$ und »Reactio« $(\vec{F}_{2,1})$ zusammenfinden, so muss man die Wechselwirkungskräfte zu unterschiedlichen Zeitpunkten betrachten – um auf diese Weise die Zeitverschiebung in das Newton'sche Axiom von »actio = reactio« einzuführen.[54] Damit einher geht, dass die klassische Energie allein (das ist die Summe aus der potenziellen Energie der Magneten in deren Magnetfeldern und der kinetischen Energie der Magneten bei deren Bewegung) nicht mehr erhalten ist, sondern dass zusätzlich Raumenergie in klassische Energie oder umgekehrt auch klassische Energie in Raumenergie gewandelt werden kann. In den von meiner Internetseite aus aufrufbaren Fachpublikationen habe ich diese kurzen Erläuterungen bis auf die Regeln der Quantenelektrodynamik zurückgeführt, um zu zeigen, dass es wirklich eine Wandlung der Nullpunktsenergie elektromagnetischer Wellen des Quantenvakuums ist, die hier die Energieerhaltung rettet.

Mir ist bewusst, dass dies eine ziemlich komplizierte Erklärung war, aber einfacher schaffe ich das nicht. Wer es noch detaillierter (und damit noch komplizierter) wissen will, kann von meiner Internetseite aus meine Fachpublikationen aufrufen, wo sich die physikalischen Formeln dazu auch noch finden lassen. Für all diejenigen, die eine allgemein verständliche Zusammenfassung lesen möchten, sind die nachfolgenden Zeilen geschrieben.

Das Ganze allgemein verständlich

► **In einfacher klassischer Näherung,** ohne Berücksichtigung der Raumenergie, hängen die Kräfte zwischen zwei Magneten nur von deren Abstand ab, nicht aber von deren Bewegungszuständen. In dieser Näherung, die zugegebenermaßen ungenau ist, weil sie nicht die Geschwindigkeiten der Magneten und der Magnetfelder berücksichtigt, gilt die Erhaltung der klassischen Energie, und die Raumenergie spielt nicht mit. Elektroingenieure konstruieren in dieser Art und Weise zum Beispiel Elektromotoren für klassische Bohrmaschinen, Küchenmixer und Elektrogeräte aller Art. Bedenkt man die Größe der Geräte und die Schnelligkeit der Magnetfelder (die mit Lichtgeschwindigkeit laufen), so ist diese Näherung durchaus ganz ordentlich und für die Konstruktion klassischer Elektromotoren mit Sicherheit auch hinreichend gut geeignet. Leider hat diese Näherung einen entscheidenden Nachteil: Sie verstellt den Blick auf die Raumenergie.

► **In der genauen Betrachtung** haben wir die Bewegungsgeschwindigkeiten der Magneten und der Magnetfelder zu berücksichtigen und erhalten eben dadurch Zugriff auf die Raumenergie. Sind die Magneten in Bewegung, so hängt die Feldstärke von den Bahnkurven und von den Bewegungsgeschwindigkeiten der Magneten ab, sodass man mittels jener Bewegung die Energieumwandlung zwischen der kinetischen Energie der Magneten, der potenziellen Energie, der Feldenergie und der Raumenergie beeinflussen kann.

Um zu erklären, wie wir die Beeinflussung der Kräfte und der Energien mittels der Bewegung der Magneten für technische Zwecke vorteilhaft nutzen können, muss ich nochmals ein wenig tiefer ausholen und in weitere Details einsteigen. Ich lasse also abermals eine Passage mit technischen Details folgen, die ich dann wieder mit einer allgemein verständlichen Zusammenfassung abschließend zusammenfassen werde.

Wir stellen die Frage, ob es eine Möglichkeit gibt, zwei Magneten in solcher Weise relativ zueinander zu bewegen (zum Beispiel auch auf zyklisch-periodischen Bahnkurven), dass nach einem geschlossenen Durchlauf die Summe aus der potenziellen und der kinetischen Energie durch einen Zugewinn aus Raumenergie verändert werden kann.

Um diese Frage zu beantworten, betrachten wir die beiden Illustrationen auf Seite 111 unten und auf Seite 112 oben, bei denen jeweils in Richtung der Abszisse (in waagerechter Richtung) eine Ortsangabe und in Richtung der Ordinate (in senkrechter Richtung) eine Zeitangabe aufgetragen ist. In jeder der beiden Grafiken gibt es zwei Magneten, die die Nummern »1« und »2« tragen und die sich in

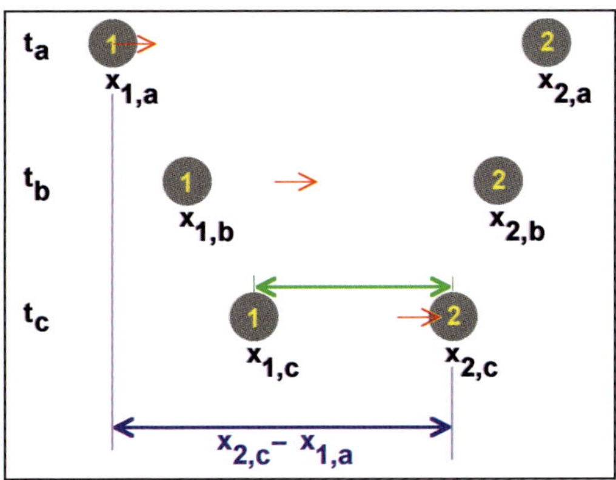

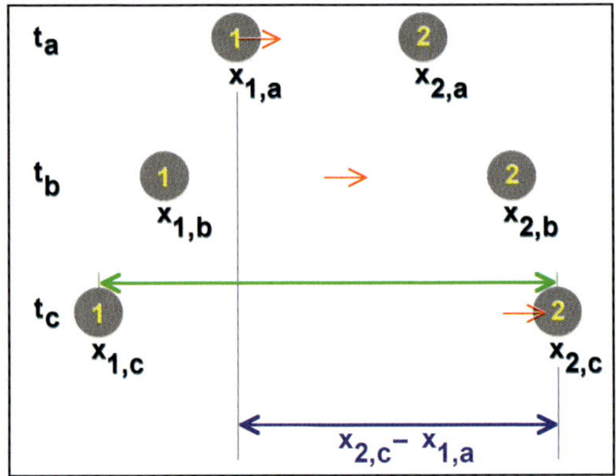

Ortsrichtung kontinuierlich bewegen. Die Veränderung der Zeit wurde (jeweils) in drei diskreten Schritten dargestellt, nämlich zu den drei Zeitpunkten t_a, t_b, t_c , die chronologisch aufeinanderfolgen, sodass t_a vor t_b vor t_c stattfindet.

Wir betrachten nun die Grafik auf Seite 111 und stellen fest, dass die beiden Magneten zu Beginn (zum Zeitpunkt t_a) am weitesten voneinander entfernt sind und am Ende (zum Zeitpunkt t_c) einander am nächsten liegen. Die beiden Magneten laufen also offensichtlich aufeinander zu. Magnet Nr. 1 läuft nach rechts und Magnet Nr. 2 läuft nach links. Wir stellen nun die Frage, welche Kraft der Magnet Nr. 2 zum Zeitpunkt t_c am Ort $x_{2,c}$ spürt. Da es auf den Vergleich zwischen der klassischen Näherung ohne Berücksichtigung der Laufgeschwindigkeit der Felder und der genauen Betrachtung mit Berücksichtigung der Laufgeschwindigkeit der Felder ankommt, müssen wir nachfolgend die Kräfte der beiden Situationen miteinander vergleichen.

Fall Nr. 1: Klassische Näherung ohne Berücksichtigung der Laufgeschwindigkeit der Felder: Der genäherte Fall Nr. 1 ist natürlich wesentlich simpler als die genaue Betrachtung, die gemäß Fall Nr. 2 in Kürze folgen wird, deshalb wird in der Ingenieurpraxis auch immer mit der Näherung gearbeitet. Wir betrachten einfach die Situation zum Zeitpunkt t_c und stellen fest, dass der Abstand zwischen den beiden Magneten der Länge des grünen Pfeils entspricht. Das war's. Dieser Abstand bestimmt das Ausmaß der Magnetkraft. (Wir wissen ja: Je näher die Magneten einander kommen, umso größer werden die Kräfte.) Das ist alles – für die vereinfachende klassischen Näherung genügt das. So kennen wir es aus der Schule.

Fall Nr. 2: Genaue Betrachtung mit Berücksichtigung der Laufgeschwindigkeit der Felder: Wir wollen für beide Magneten die jeweilige Kraft bestimmen, die jeder der beiden zum Zeitpunkt t_c aufnimmt. Wir müssen dies für die beiden Magneten gesondert betrachten und beginnen mit dem Magneten Nr. 2: Um herauszufinden, welche Feldstärke den Magneten Nr. 2 am Ort $x_{2,c}$ zum Zeitpunkt t_c erreicht, müssen wir dasjenige Feldpaket zurückverfolgen, welches an demjenigen Ort und zu demjenigen Zeitpunkt vom Magneten Nr. 1 derart ausgesandt worden war, dass es am Ort $x_{2,c}$ zum Zeitpunkt t_c den Magneten Nr. 2 erreicht. In der ersten Grafik ist dieses Feldpaket durch einen kleinen roten Pfeil symbolisiert, der von links her kommend, nämlich vom Magneten Nr. 1 her, zum Magneten Nr. 2 hinläuft. Wir verfolgen die Entwicklung der Situation zurück, von t_c über t_b bis nach t_a, wo die Feldkomponente des roten Pfeils schließlich auf den Aufenthaltspunkt (in Zeit und Ort) des Magneten Nr. 1 zurückgeführt wurde. (Das ist der Ort und Moment, an dem jenes Feldpaket erzeugt und emittiert wurde.) Zum Zeitpunkt t_a hatte sich der Magnet Nr. 1 am Ort $x_{1,a}$ befunden, also ist das Feld, das den Magneten Nr. 2 am Zeitpunkt t_c erreicht, von ebendiesem Ort $x_{1,a}$ losgelaufen. Die echte Wechselwirkungsdistanz, die das Feld also zurücklegen musste, entspricht in der Grafik dem blauen Pfeil, der markiert ist mit »$x_{2,c} - x_{1,a}$«, und dieser Pfeil ist eindeutig länger als der grüne Pfeil aus der ungenauen klassischen Näherung. In der genauen Betrachtung ist also die Wechselwirkungsdistanz größer (als in der klassischen Näherung), und ein größerer Abstand bedeutet auch immer eine verringerte Kraft. (Wenn zwei Magneten weiter auseinander sind, ist die Kraft eben bekanntlich kleiner, als wenn die Magneten dichter beieinander sind.) Ich fasse die Erkenntnisse aus der Interpretation der ersten Grafik zusammen mit den Worten: Wenn zwei Magneten aufeinander zulaufen, dann ist die Wechselwirkungskraft in Wirklichkeit geringer als in der klassischen Näherung.

Eine analoge Überlegung lässt sich auch für die zweite Grafik anstellen, die dann zu folgendem Ergebnis führt: Zu Beginn der Bewegung (Zeitpunkt t_a) sind die beiden Magneten am dichtesten beieinander, am Ende der Bewegung (Zeitpunkt t_c) sind sie am weitesten auseinander, sodass wir sagen können, die beiden Magneten laufen voneinander weg. Die in der klassischen Näherung festgestellte Wechselwirkungsdistanz zum Zeitpunkt t_c wird aus den Positionen der Magneten zu diesem Zeitpunkt (ohne Berücksichtigung ihrer Geschwindigkeiten) ermittelt, und entspricht der Länge des grünen Pfeils. Die in der genauen Betrachtung (mit Berücksichtigung der Laufgeschwindigkeit der Magnetfelder) festgestellte Wechselwirkungsdistanz entspricht abermals der Laufstrecke des roten Pfeils, die auch nun wieder durch den blauen Pfeil mit der Länge »$x_{2,c} - x_{1,a}$« markiert wurde. Nun ist die echte Wechselwirkungsdistanz der genauen Betrachtung unter Berücksichtigung der Laufgeschwindigkeit der Felder (also der blaue Pfeil) kürzer als die Wechselwirkungsdistanz gemäß der ungenauen klassischen Näherung (der grüne Pfeil). Auch hier fasse ich wieder die Ergebnisse zusammen, diesmal für die Interpretation der zweiten Grafik: Wenn zwei Magneten voneinander weg laufen, dann ist die Wechselwirkungskraft in Wirklichkeit größer als gemäß der klassischen Näherung, denn der blaue Pfeil (zur genauen Betrachtung) ist kürzer als der grüne Pfeil (zur ungenauen Näherung), und die kürzeren Abstände sprechen für größere Kräfte.

Es folgt wieder die allgemein verständliche Zusammenfassung, auch für Nichtphysiker, also für alle Menschen:

Das Ganze allgemein verständlich

Phase 1: Laufen zwei Magnete zueinander hin, so ist aufgrund der Bewegungsgeschwindigkeiten der Magneten und der Magnetfelder die echte tatsächliche Magnetkraft kleiner als nach der vereinfachenden klassischen Näherung ohne Berücksichtigung der Geschwindigkeiten der Magneten und Magnetfelder (siehe nachfolgende Grafik, oben).

Übergang: Für die spätere Auswertung der Energiebilanz betrachten wir jetzt die beiden Magneten, die sehr dicht beieinanderliegen. Während der Phase 1 hatten die beiden Magneten Geschwindigkeiten und damit Schwung (kinetische Energie), der durch das »Zueinander-Hinlaufen« der beiden sich gegenseitig abstoßenden Nordpole aufgebraucht worden ist, sodass die Magneten dicht voreinander zum Stehen kommen (siehe Grafik, Mitte).

Phase 2: Laufen die beiden Magneten nun wieder voneinander weg, weil sich die beiden Nordpole noch immer abstoßen, so ist aufgrund der Bewegungsgeschwindigkeiten der Magneten und der Magnetfelder die tatsächliche Magnetkraft größer, als sie nach der verein-

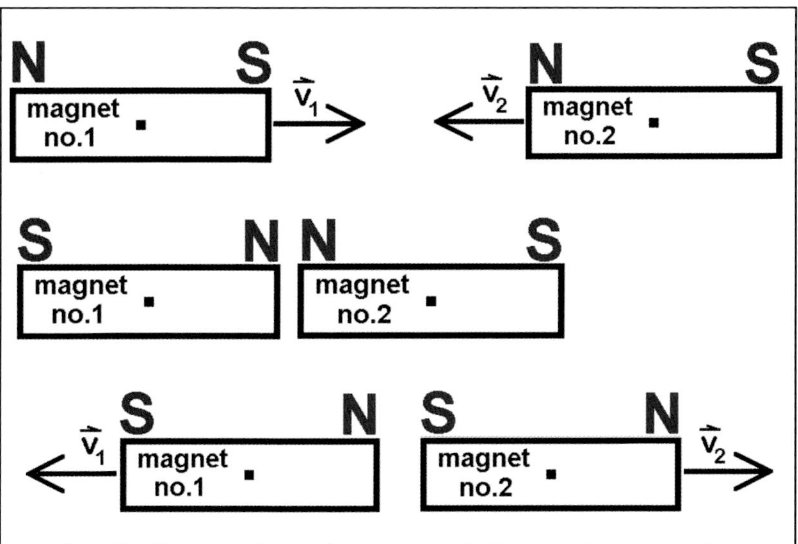

fachenden klassischen Näherung *ohne* Berücksichtigung der Geschwindigkeiten der Magneten und Magnetfelder wäre (siehe Grafik Seite 115, unten).

Resümee: Betrachten wir einen vollen Durchlauf der zyklisch hin- und herlaufenden Bewegung, bei der Folgendes passiert: Wir starten zu Beginn von Phase 1 mit einem gewissen Abstand zwischen den beiden Magneten, und diese stoßen sich gegenseitig ab, weil Nordpol auf Nordpol zeigt. Wir schieben nun die Magneten gegen die abstoßende Magnetkraft zusammen, bis sie schließlich bei geringem Abstand zum Stehen kommen. Danach ziehen wir in Phase 2 die beiden Magneten wieder voneinander weg, wobei die Magnetkräfte wieder abstoßend sind, weil Südpol auf Südpol zeigt. Die Energiebilanz dieser Bewegung wollen wir nun einerseits in der ungenauen klassischen Näherung *ohne* Berücksichtigung der Laufgeschwindigkeit der Felder betrachten und andererseits in der genauen Sichtweise *mit* Berücksichtigung der Laufgeschwindigkeit der Felder.

► **In der ungenauen klassischen Näherung** gilt die Erhaltung der klassischen Energie ohne Einwirkung der Raumenergie. Während der Annäherungsphase der Bewegung (Teil 1) müssen wir Energie aufwenden, um die abstoßende Kraft zwischen den beiden Nordpolen zu überwinden. Nach dem Stillstand (dem Übergang in Phase 2) laufen die beiden Magneten dann voneinander weg, bis sie schließlich wieder genau identisch den gleichen Abstand zueinander einnehmen, den sie zu Beginn der Bewegung hatten. Während dieser Phase 2 der Bewegung kehren die Magneten wieder in ihre Ausgangspunkte zurück, sodass aufgrund der Gleichheit der Abstände (zu Beginn und zum Ende der Bewegung) während der Phase 2 genau identisch dieselbe Menge an Energie wieder frei wird, die wir zuvor während der Phase 1 für das »Zueinander-Hinschieben« hatten aufwenden müssen. Tatsächlich müssen wir für das »Zusammenschieben« der Magneten genauso viel Energie hineinstecken, wie beim »Auseinanderlaufen« wieder herauskommt. Das Ganze ist ein Nullsummenspiel im Hinblick auf die Energiebilanz (der klassischen Energie).

► **In der genauen Betrachtung** erfordert der Energieerhaltungssatz eine Berücksichtigung der Raumenergie. Während der Phase 1 der Bewegung, in der die beiden Magneten zueinander hin laufen, ist die Magnetkraft im Vergleich zur klassischen Betrachtung abgeschwächt, sodass wir weniger Energie aufwenden müssen, um den Nordpol zum Nordpol hin zu schieben. Während der Phase 2 der Bewegung hingegen laufen die beiden Magneten dann voneinander weg, was zur Folge hat, dass die Magnetkraft im Vergleich zur klassischen Betrachtung erhöht ist. In dieser Phase der Bewegung (Teil 2) wird also mehr Energie frei als in der klassischen Näherung. In der Energie-Gesamtbilanz bedeutet das, dass wir die Magneten mit verringertem Energieaufwand (an kinetischer Energie, die in potenzielle Energie im Magnetfeld umgewandelt wird) zueinander hin schieben können, und mit erhöhtem Energienutzen (es wird mehr kinetische Energie frei, als wir zuvor für das »Zusammenschieben« der Magneten aufwenden mussten) voneinander weg laufen lassen. Verringerter Aufwand und erhöhter Nutzen, das bedeutet in der Konsequenz, dass in Summe nach der Bewegung mehr kinetische Energie vorhanden sein muss als vor Beginn der Bewegung (bei Rückkehr in die Ausgangsposition).

Der langen Worte kurzer Sinn: In der genauen Betrachtung kann ich die Magneten mit verringerter Kraft zueinander hin schieben und mit erhöhter Kraft dann wieder voneinander weg laufen lassen, sodass die Magneten am Ende der Bewegung (bei gleichem Abstand wie zu Beginn) schneller laufen als zu Beginn. Das ist ein Gewinn an kinetischer Energie.

Kommen wir nun zur praktischen Anwendung dieser theoretischen Erkenntnisse: Natürlich gibt es ein Problem mit der Bewegungsge-

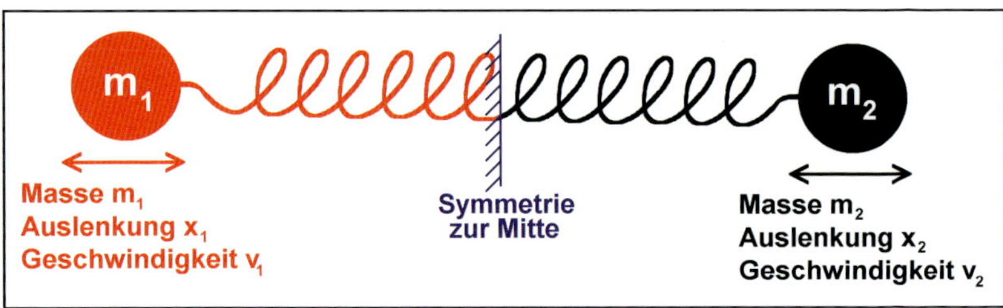

schwindigkeit der Magneten. Wenn wir, wie in obigem Beispiel, allein nur die Magnetkräfte wirken lassen, um die Magneten zu beschleunigen und zu bremsen, ist die Geschwindigkeit der Magneten und damit der Effekt der Veränderung der Magnetkräfte viel zu klein, als dass wir ihn praktisch überhaupt wahrnehmen könnten. Um nun die prinzipielle Funktionsweise der Konzeption wenigstens in der Theorie verifizieren zu können, muss eine Computersimulation her. Um dabei das Problem der Bewegungsgeschwindigkeit der Magneten in den Griff zu bekommen, wurde die Anordnung um eine Feder ergänzt, die für das Beschleunigen und das Bremsen der Magneten zuständig ist. Damit kann man im Prinzip recht große Federkräfte wirken lassen, um die Magneten auf ordentliche Geschwindigkeiten zu beschleunigen und um den Effekt der durch die Bewegungsgeschwindigkeiten der Magneten modifizierten (und modulierten) Magnetkräfte vernünftig messen und/oder berechnen zu können. Der Aufbau sieht dann aus wie oben gezeigt.[55]

Was wir bei dieser Anordnung erwarten ist Folgendes: Wenn wir zwei Massen (unmagnetische Körper) mit einer Feder verbinden, dann die Feder ein wenig auseinanderziehen und die Körper jetzt loslassen, dann folgt eine Schwingung mit gleichbleibend konstanter Amplitude, sofern die Reibung vernachlässigbar klein ist. Es wirken nur die Federkräfte und die Trägheitskräfte der Körper.[56]

Wenn wir hingegen die beiden Körper nun durch zwei Magneten ersetzen, dann wirken zusätzlich zu den Federkräften und den Trägheitskräften auch noch die Magnetkräfte. Während der Phase 1, also während die Feder zusammengedrückt wird, sind die Magnetkräfte (aufgrund der Laufgeschwindigkeit der Felder) abgeschwächt, wohingegen während der Phase 2, also in der Zeit, in der die Feder expandiert, die Magnetkräfte verstärkt sind. Dadurch wird die Feder mit jeder Schwingung immer ein wenig schwächer zusammengedrückt und ein wenig stärker auseinandergezogen als in der (ungenauen) klassischen Näherung, sodass die Amplitude[57] der Schwingung mit jeder Periode ein wenig zunimmt. Was wir dabei gewinnen, ist am Ende die Energie der Federspannung, da das System die Feder allmählich wie einen Expander auseinanderzieht, und zwar von einem »Hin-und-Her« zum nächsten »Hin-und-Her« immer ein Stückchen weiter auseinander. Dies ist die potenzielle Energie der Feder.

Selbstverständlich lassen sich der Aufbau und die Bewegung der Magneten durch Differenzialgleichungen beschreiben, auf deren Basis ich Computersimulationen durchführen konnte. Die Details der theoretischen Berechnungen findet man in Fachpublikationen, aber die Ergebnisse sind von allgemeinem Interesse; sie sehen so aus:

Wenn wir unten an den beiden Magneten einen blauen und einen roten Stift montieren und dann während des Schwingens ein Blatt Papier unter den Stiften durchziehen, sodass jeder Stift mit seiner Farb-

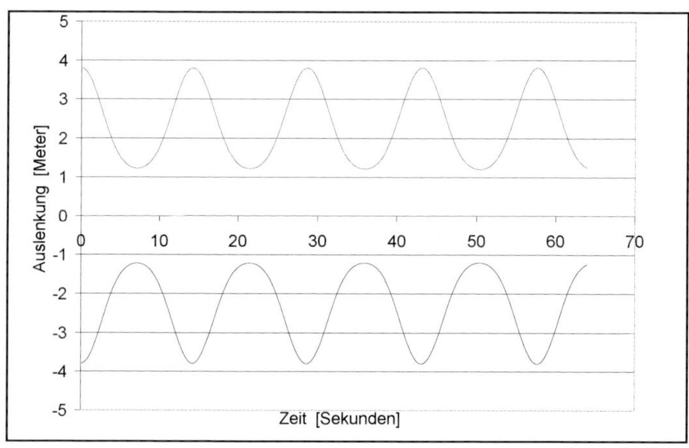

spur die Position seines Magneten auf das durchlaufende Papier zeichnet, dann sehen wir als Farbspuren die Bahnkurven der Magneten als Funktion der Zeit. Wären die beiden schwingenden Körper unmagnetisch, dann würden wir einfach nur sinusförmige Farbspuren sehen, doch das ist langweilig, weil das eine klassische harmonische Schwingung ist, die jeder Anfängerstudent in den ersten Semestern selbst durchrechnen kann.

Sind die beiden schwingenden Körper hingegen magnetisch, dann erzeugen wir mit den Stiften in klassischer Näherung (ohne Berücksichtigung der Feldlaufgeschwindigkeiten) die in dem Bild auf Seite 120 gezeigten Farbspuren, die für kleine Abstände langsamer laufen als für große, weil die Magnetkräfte für kleine Abstände größer sind als für große Abstände zwischen den Magneten.

Und jetzt wird die Sache eigentlich erst interessant: Völlig anders sieht die Situation aus, wenn wir die Feldlaufgeschwindigkeiten berücksichtigen. Dann beobachten wir nämlich das soeben erklärte Aufschaukeln der Federamplituden. Allerdings zeigt die Computersimulation ganz klar, dass dieses Aufschaukeln nicht endlos immer stärker wird, sondern relativ bald in Sättigung übergeht. Das hat ei-

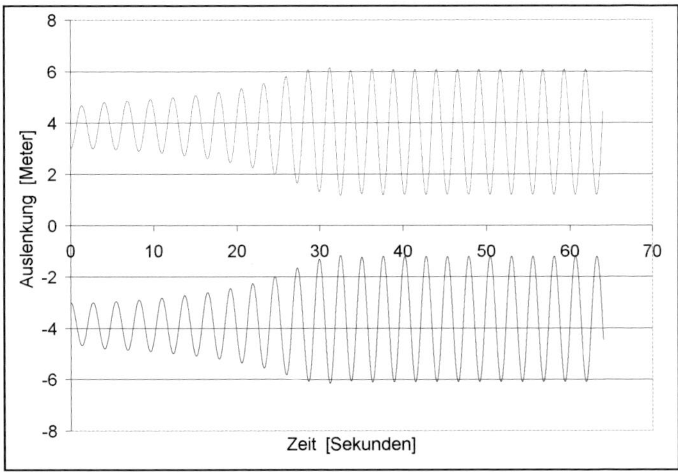

nen einsichtigen Grund: Es müssen die Bewegungsgeschwindigkeiten der Magneten sehr genau auf die Laufgeschwindigkeiten der Felder abgestimmt sein, sonst läuft die Synchronizität zwischen der Laufgeschwindigkeit der Felder und der Bewegung der Magneten rasch aus dem Gleichtakt, weil die Federkräfte nicht zeitgleich mit den Magnetkräften jeweils ziehen oder jeweils drücken. Es ist eigentlich eine ganz einfache Vorstellung: Die Federkräfte bestimmen dominierend die Geschwindigkeiten der Magneten, und eine Verstärkung der Bewegung findet nur dann statt, wenn die Feder die Magneten genau so bewegt, dass die Bewegung der Magneten exakt zur Bewegung der Feldpakete passt. Bezogen auf unsere theoretische Konzeption bedeutet das konkret: Sobald die Magneten etwas größere Auslenkungen und Amplituden vollführen, verändert sich die Bewegungsgeschwindigkeit und auch die Schwingungsdauer, was wiederum dazu führt, dass die exakte Abstimmung zwischen der Magnetlaufgeschwindigkeit und der Feldlaufgeschwindigkeit ein wenig abnimmt, und zwar so lange, bis keine Anregung mehr aus der Raumenergie hinzugefügt werden kann, sodass die Energie im System und damit auch die Amplitude konstant bleibt.

Würde ich das System künstlich ein wenig durch Reibung bremsen, dann würde die Amplitude der Schwingungen ein wenig abnehmen und dadurch die Abstimmung zwischen der Magnetlaufgeschwindigkeit und der Feldlaufgeschwindigkeiten wieder besser werden, was dazu führt, dass die durch Reibung entzogene Energie durch Raumenergie wieder ersetzt werden würde. Natürlich kann ich nicht nur durch Reibung dem System Energie entziehen, sondern auch durch irgendeinen nutznießenden Verbraucher, und wenn ich das mache, dann ist natürlich das System ein Raumenergiemotor, der irgendeinen beliebigen Verbraucher antreibt. In diesem Modus zwischen der Startamplitude und der Sättigungsamplitude arbeitet der Raumenergiekonverter sinnvoll als Motor.

Am Rande sei noch erwähnt: Wie in der nachfolgenden dreigeteilten Grafik zu sehen, kann durch eine geeignete Abstimmung des Systems, also durch Anpassung der Federkräfte und der Bewegungsgeschwindigkeiten an die Magnetfeldlaufzeiten, das System in verschiedenen Betriebsmodi arbeiten:

- In der linken der drei Grafiken sehen wir, wie das System sich aus Raumenergie angetrieben aufschaukelt, also Raumenergie in klassische Schwingungsenergie und Federspannungsenergie umwandelt. In diesem Betriebszustand laufen die Magnetfelder in solcher Weise synchron mit den Bewegungsgeschwindigkeiten der Magneten, dass wie oben beschrieben die Bewegung der Magneten (aus Raumenergie) verstärkt wird.

- In der mittleren der drei Grafiken ist das System in einem Schwingungszustand, bei dem die Laufgeschwindigkeit der Felder genauso viel Energie aus Raumenergie wandelt, wie sie von klassischer Energie an Raumenergie zurückgibt. So etwas passiert immer genau dann, wenn für einen Teil jeder Schwingungsperiode die Bewegung der

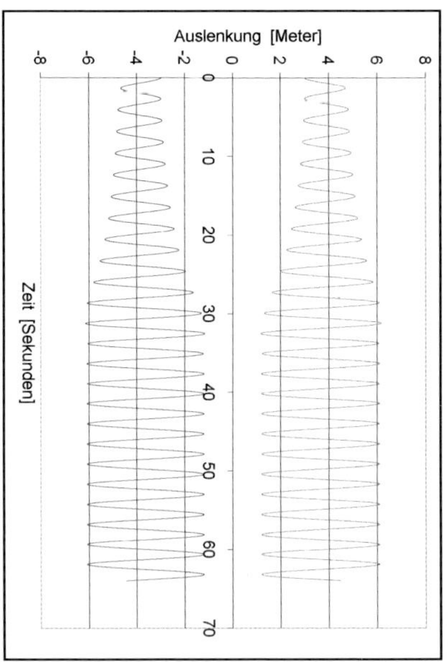

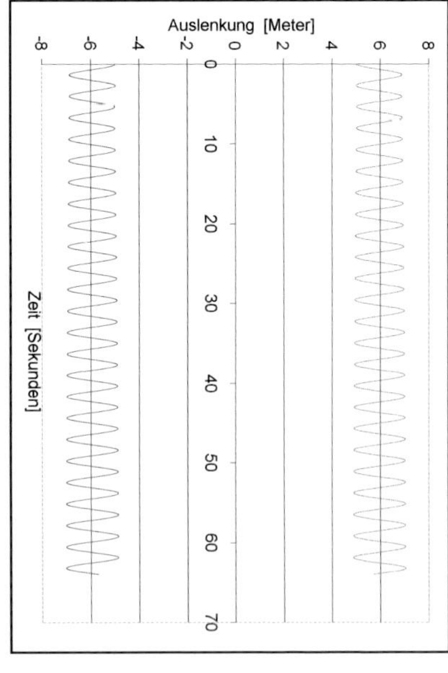

Magneten synchron zu den verstärkenden Feldern läuft, aber für einen anderen Teil der Schwingungsperiode jene Abstimmung zwischen der Magnetbewegung und der Feldbewegung asynchron läuft, und zwar genau derart asynchron, dass am Ende der Gewinn von Energie aus dem Quantenvakuum (aus dem einen Teil der Schwingung) genauso groß ist wie die Abgabe von Energie an das Quantenvakuum (aus dem anderen Teil der Schwingung).

► In der äußerst rechten der drei Grafiken ist die Asynchronizität dominierend, sodass konsequent (kinetische) Schwingungsenergie und (potenzielle) Spannungsenergie aus der Feder in Raumenergie umgewandelt werden, dass also klassische Energie verloren geht. Die Abstimmung zwischen den Feldlaufgeschwindigkeiten und den Magnetlaufgeschwindigkeiten ist dabei genau von solcher Art, dass das Feld zeitlich erst dann zu einer zusätzlichen Beschleunigung der Magneten führen würde, wenn der Magnet schon wieder entgegenkommt – und umgekehrt.

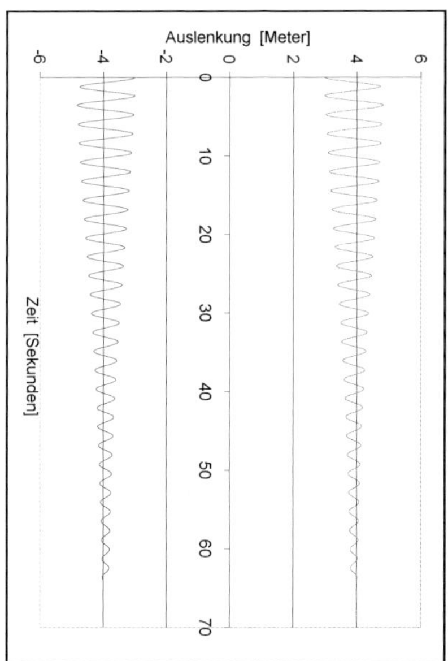

Der Betriebszustand, bei dem klassische Energie in Raumenergie umgewandelt wird, ist natürlich nicht der gesuchte, den wir für technische Anwendungen einsetzen wollen. Aber:

Der entscheidende Lerneffekt aus diesen Berechnungen ist, dass die Raumenergie eine vollwertige Energieform ist, die in beliebiger Weise in andere klassische Energieformen, wie zum Beispiel in mechanische Bewegungsenergie oder in die Spannungsenergie einer Feder, umgewandelt werden kann – und zwar hin und zurück – reversibel! Wir können klassische Energie in Raumenergie umwandeln und ebenso gut auch Raumenergie in klassische Energie. Das ist ähnlich wie bei elektrischer Energie und mechanischer Energie, die (bis auf Reibungsverluste) auch beliebig ineinander umgewandelt werden können. Das ist anders als bei Wärmeenergie, die (aufgrund des zweiten Hauptsatzes der Thermodynamik) nicht in beliebiger Weise vollständig in mechanische Bewegungsenergie hin- und zurück umgewandelt werden kann.

Übrigens sind nicht nur die Formeln und die Rechenverfahren, sondern sogar die Quellcodes der Computersimulations-Algorithmen von meiner Website *https://www.ostfalia.de/cms/de/pws/turtur/.content/documents/Teil_03-Techologie-neu-DEUTSCH.pdf* aus kostenlos abrufbar. Bei Überlegungen, bei denen ich es für interessant hielt, habe ich sogar meine Handnotizen eingescannt und zum freien Download auf meine Website gestellt. Dadurch, dass ich bisher nie auch nur einen einzigen müden Cent für meine Arbeiten bekommen habe, war es mir bisher immer erlaubt, meine Ergebnisse frei der Allgemeinheit zur Verfügung zu stellen: freie Energie für alle Menschen.

Leider zeigt die Leistungsberechnung bei dem System mit den zwei durch eine Feder verbundenen Magneten nur sehr geringen Leistungsoutput. Um zumindest in der theoretischen Computersimulation Leistungen zu bekommen, bei denen ordentliche Amplituden mit mehreren Metern Ausmaß auftreten, die sich dann auch noch binnen weniger Sekunden aufschaukeln, musste ich für die Parametervorgaben der Computersimulation eine absolut unrealistische Lichtgeschwindigkeit von 1,4 m/s einsetzen. Das kann man machen, um per Theorie zu zeigen, dass das Konzept der »endlichen Laufgeschwindigkeit der Felder« tatsächlich die Wandlung von Raumenergie ermöglicht. Wenn man dann aber zu realistischen Lichtgeschwindigkeiten übergeht, also den tatsächlichen Wert von $3 \cdot 10^8$ m/s einsetzt, dann erzielt man einen so geringen Leistungsoutput, dass man hinsichtlich einer Nutzbarkeit des Systems weit jenseits von Gut und Böse liegt.

Um es konkret mit Werten zu benennen: Für realistisch herstellbare Abmessungen von Magneten und Federn landet man mit der aus dem Quantenvakuum gewandelten Leistung im Picowattbereich.

Dass dieser Leistungbereich zur allgemeinen Energieversorgung noch nicht ausreicht, sondern dass man noch einigen Gehirnschmalz investieren muss, um die Leistung zu steigern, liegt offensichtlich auf der Hand. Trotzdem stellt sich auch jetzt schon die Frage nach einem experimentellen Prinzipbeweis für das Konzept der endlichen Laufgeschwindigkeit der Felder (nennen wir es kurz »FPGW« = »Finite Propagations-Geschwindigkeit der Wechselwirkungsfelder«, um eine Abkürzung für die Zukunft einzuführen).

Könnten wir eine Leistung von einigen Picowatt, also von einigen 10^{-12} Watt = 0,000 000 000 001 Watt, tatsächlich technisch messbar (oder wahrnehmbar) machen, dann wäre es schon interessant, einen experimentellen Aufbau für solch einen FPGW-Raumenergiekonverter zu erstellen. Erfreulicherweise sind 10^{-12} Watt gar nicht schwierig zu messen, man kann sie sogar direkt mit den menschlichen Sinnen wahrnehmen, nämlich mit dem Ohr. Die akustische Hörschwelle des Menschen (also das leiseste Geräusch, das gerade eben noch wahrgenommen werden kann) liegt bei 10^{-12} Watt pro Quadratmeter, also im Bereich eines Picowatts pro Quadratmeter. Es müsste also gelingen, einen FPGW-Konverter zu bauen, der Schall erzeugt, und man könnte ihn hören, permanent, endlos, wobei der Aufbau im Gegensatz zu anderen Lautsprechern keinen elektrischen Anschluss zur Energieversorgung benötigt (nur zum Starten wird ein Anschluss benötigt). Auch wenn der akustische FPGW-Konverter nur einen langweiligen Pfeifton von sich gäbe, dann wäre das ein Beweis für die FPGW-Konzeption zur Wandlung und Nutzung von Raumenergie. Einen Aufbau ausgetüftelt habe ich wohl, doch aufgrund der Tatsache, dass mir kein Labor zur Verfügung steht, war ich bis heute nicht in der Lage, ein derartiges System aufzubauen.

Aufgrund der hohen benötigten Bewegungsgeschwindigkeiten muss die schwingende Masse besonders gering gehalten werden, sodass die relativ schweren metallischen Magneten ungeeignet sind. Daher ist es sinnvoll, den akustischen FPGW-Konverter aus einer Kunststofffolie herzustellen (wie zum Beispiel aus Frischhaltefolie) die mit Metall beschichtet ist, damit sie elektrostatisch aufgeladen werden kann.

Die elektrostatischen Kräfte übernehmen dann die Rolle der magnetischen Kräfte, was bei sehr kleinen Abständen zwischen den Folien kein Problem ist, weil auch die elektrostatischen Kräfte für besonders kleine Abstände brauchbare Werte annehmen. Und da die Kräfte permanent abstoßend sein müssen, ist auch nicht mit Spannungsüberschlägen zu rechnen, weil beide Folien mit Ladungsträgern gleichen Vorzeichens aufzuladen sind. Man kann also beide Folien mit sehr hoher Spannung positiv oder alternativ dazu auch beide mit sehr hoher Spannung negativ aufladen. Die mechanische Flexibilität des Systems, also die Federwirkung, wird dann von der biegsamen Kunststofffolie übernommen. Direkt nach dem Aufladen der beiden metallbeschichteten Folien biegen sich diese beiden aufgrund der abstoßenden Kräfte der gleichnamigen Ladungsträger nach außen, sodass wir eine ausgebauchte Form erhalten. Die fängt aber (bei

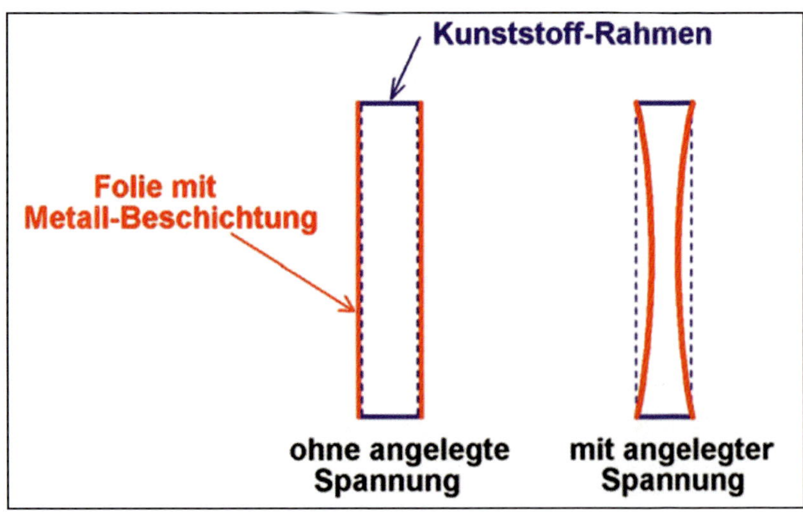

konstant gehaltener Ladung) sofort an zu schwingen, sodass sich die Folien wechselseitig immer nach innen und nach außen hin- und herbiegen. Eine Momentaufnahme, bei der sich die Folien gerade nach innen biegen, ist im Bild mit angelegter Spannung dargestellt, also mit Ladung auf der Metallschicht der Folie.

Bei Computersimulationen eines derartigen Systems konnte ich sogar Leistungen im Bereich einiger 10^{-9} Watt ausrechnen, sodass wir eine Leistung deutlich über der unteren Hörschwelle des Menschen zu erwarten haben (also ein bequem hörbares Geräusch). Verteilt sich eine Leistung von 10^{-12} Watt auf einen Quadratmeter der schwingenden Folie, so beträgt der Schallintensitätspegel 0 dB, aber man muss sich bewusst sein, das Akustikingenieure damit eben keine Lautstärke von Null bezeichnen, sondern eine Lautstärke, die um 0 dB oberhalb der unteren Hörschwelle des Menschen liegt. Mit anderen Worten liegt die Lautstärke eben genau an der unteren Hörschwelle des Menschen. 10^{-9} Watt auf einen Quadratmeter der schwingenden Folie, das wären dann 30 dB, also eine in einer ruhigen Laborumgebung (aber auch in einem ruhigen Privatzimmer) vernünftig wahrnehmbare Lautstärke.

Da ich wie erwähnt keinen Zugang zu einem Labor habe, hat sich für mich die Frage nach einer praktischen Realisierung des akustischen FPGW-Systems gar nicht gestellt. Was bleibt mir also übrig, wenn ich dennoch weiterarbeiten, und nicht einfach meine Forschung schon jetzt an dieser Stelle komplett einstellen will?

Der sinnvolle Weg ist der: Ich fange an, aus theoretischer Sicht zu überlegen, wie man die leistungsbegrenzenden Probleme beseitigen kann, die uns daran hindern, die wunderschöne große Menge an Energie, die im Magnetfeld vorhanden ist, auch wirklich zu nutzen. Offensichtlich ist das bis hier ausgetüftelte System zwar funktionsfähig, aber ineffizient. Zu Beginn des Abschnitts 4.1 hatte ich die enorm hohe Energiedichte des Magnetfelds berechnet und durch Vergleich mit dem bereits im Labor getesteten elektrostatischen Rotor die zu erwartende Leistungsdichte magnetischer Raumenergiekonverter abgeschätzt. Die dabei erzielten Erwartungsdaten liegen um Größenordnungen, also um einige Zehnerpotenzen höher als das, was ich bis hier tatsächlich vorstellen konnte. Dass ich an dieser Stelle meilenweit davon entfernt bin, die tatsächlich zur erwartende Leistungsdichte eines magnetischen Konverters auch nur im Entferntesten zu erreichen, ist ein klares Indiz dafür, dass meine bisherigen Konstruktionsüberlegungen und Konzepte noch äußerst ineffizient aufgestellt sind.

Wir sprechen bei Raumenergie-Selbstläufern nicht von einem Wirkungsgrad, und es wäre auch schwierig, einem Konverter einen solchen zuzuordnen, wenn gar keine klassische Inputenergie nötig ist; aber wir müssen uns natürlich der Tatsache bewusst sein, dass unterschiedliche Aufbauten die vorhandene Raumenergie auch unterschiedlich effizient wandeln und nutzen. Offensichtlich sind die auf Federn basierenden Konverter, die ich bisher in Abschnitt 4.1 vorgestellt habe, von der besonders ineffizienten Sorte. Was kann man also tun, um die Effizienz zu steigern? Das ist an dieser Stelle die zukunftsweisende Frage, die mir eine Fortsetzung der theoretischen Arbeiten ermöglichte, von der ich im weiteren Verlauf des vorliegenden Buches berichten will.

4.2 Möglichkeiten der Leistungssteigerung

Das Allererste, was mir zu einer Steigerung der Effizienz der Energiewandlung und damit zur Leistungssteigerung generell in den Sinn kommt, ist das Problem der Schwingung. Die lineare Bewegung einer eindimensionalen Schwingung, so wie ich sie bisher aus Gründen der Einfachheit der Computersimulation halber vorausgesetzt habe, bedeutet nämlich, dass die schwingenden Magneten ständig angehalten und wieder beschleunigt und wieder angehalten und wieder beschleunigt werden müssen usw. In den (beiderseitigen) Umkehrpunkten, in denen die Magneten einerseits den maximalen und andererseits den minimalen Abstand zueinander haben, müssen die Magneten nämlich stehen bleiben, und beim Durchlauf durch diejenigen Positionen, in denen die Federkraft null ist, müssen die Magneten auf maximale Bewegungsgeschwindigkeit gekommen sein. Das dauernd wiederholte Abbremsen auf den Stillstand führt natürlich dazu, dass die maximale Bewegungsgeschwindigkeit weit davon entfernt ist, den gewünschten hohen Wert in der Gegend einiger Prozent oder einiger Promille der Lichtgeschwindigkeit erreichen zu können. Die Schwingung ist es also, die durch das mit ihr verbundene Bremsen die hohen Bewegungsgeschwindigkeiten verhindert, welche wir eigentlich für die FPGW-Konzeption benötigen würden. Ein allererster Weg zur Effizienzsteigerung wäre somit das Ersetzen der Schwingung durch eine andere Bewegung, die höhere Geschwindigkeiten erlaubt.

Auf zwischenzeitlich beschrittene Irrwege und Sackgassen, wie etwa das unten gezeigte System, bei dem die Magnetkräfte durch elektrostatische Kräfte ersetzt wurden, möchte ich inhaltlich nicht im Detail eingehen. Ich zeige derartige, nach kurzer Zeit verworfene Ansätze nicht alle im vorliegenden Buch, aber ich möchte deren Existenz wenigstens nebenbei erwähnen, um den Lesern einen Einblick in die Mühe der Forschung und der Entwicklungsarbeit zu gewähren.

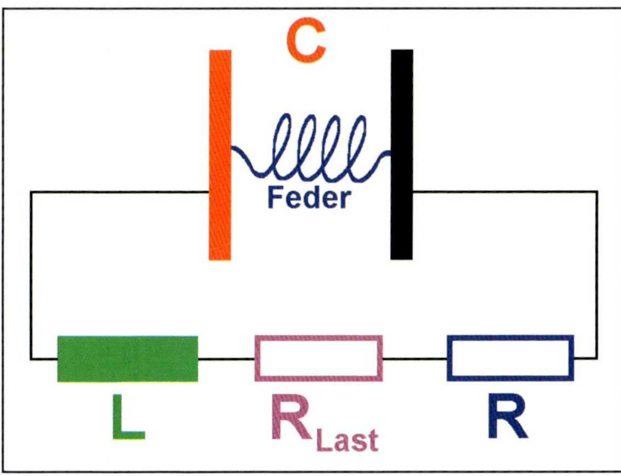

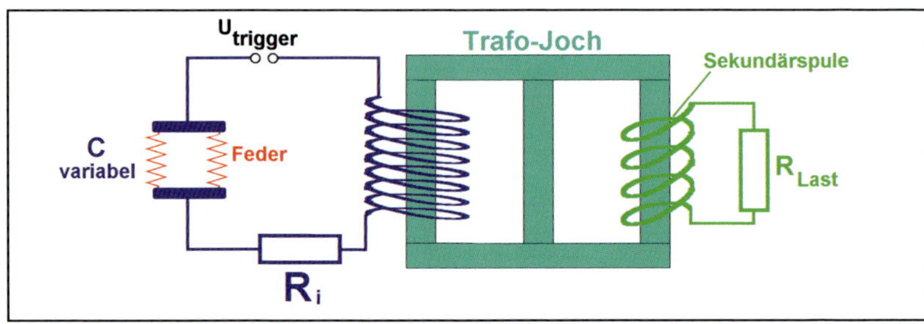

Zu den mühevollen Sackgassen gehört zum Beispiel auch das oben stehende System, mit dem ich versuchen wollte, die Auskopplung der Leistung aus dem schwingenden System zu optimieren, was aber auch erfolglos bleiben musste, weil das eigentliche Hauptproblem der Schwingung nicht beseitigt wurde.

Verzichten wir also auf die Repetition weiterer Irrwege und wenden uns direkt der Abschaffung der Schwingung zu. Wenn wir den Magneten nicht ständig hin- und herschwingen lassen, sondern drehen können, dann ist das Problem des Bremsens und Anhaltens der mechanischen Bewegung beseitigt. Das hat sich in der Tat als zukunftsweisender Lösungsweg herausgestellt.

Verschiedenste Aufbauten habe ich damit auf dem Computer simuliert, schließlich auch solche mit nur einer Spule, weil eine Spule naturgemäß weniger Arbeit macht als zwei Spulen. Wir haben im nebenstehenden Bild im Prinzip wie gehabt zwei Partner, die über Ma-

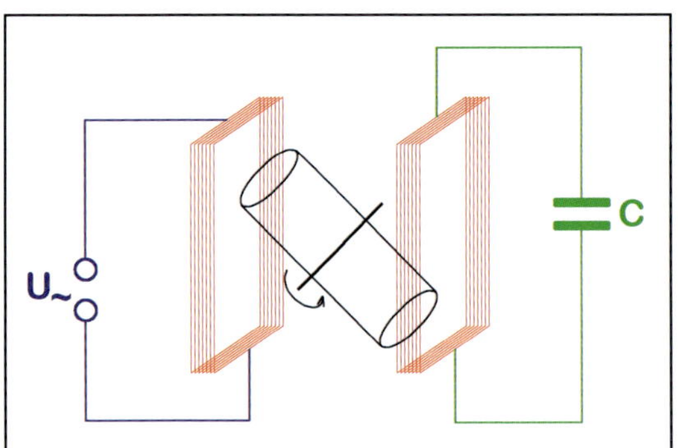

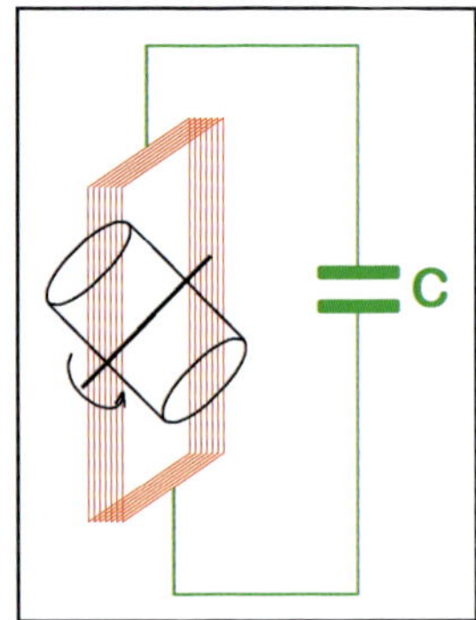

gnetkräfte miteinander in Wechselwirkung stehen, nur dass ein Partner ein Magnet ist und der andere eine Spule, die natürlich auch ein Magnetfeld erzeugt, also wie ein Elektromagnet angesehen werden kann.

Nun braucht eine Spule allerdings einen Strom, um ein Magnetfeld erzeugen zu können. Um dies möglichst effizient zu bewerkstelligen, binden wir die Spule in einen LC-Schwingkreis ein, sodass wir für die Stromversorgung der Spule kein externes Power-Supply einsetzen müssen. Dies dient der Energieeffizienz, ohne die die Maschine kein Raumenergiekonverter werden könnte.

Es ist nämlich (im Jargon der Elektroingenieure) tatsächlich so, dass zwischen der Spule und dem Kondensator die Feldenergie permanent hin- und herschwingt, namentlich zwischen der elektrischen Feldenergie des Kondensators und der magnetischen Feldenergie der Spule. Dies nützen wir aus, und zusätzlich haben wir den Vorteil, dass sich das Magnetfeld der Spule jede halbe Schwingungsperiode umpolt (eben aufgrund der Schwingung im LC-Schwingkreis) und somit seine Polarität passend zum sich drehenden Magneten ausrichtet, der auch jede halbe Umdrehung die Positionen seines Nordpols und seines Südpols gegeneinander austauscht. Somit ist also die magnetische Wechselwirkungskraft zwischen dem Spulendraht und dem dicht am Spulendraht vorbeilaufenden Magnetpol immer von gleicher Polarität und damit technisch verwertbar.

Beispiel: In dem Augenblick, in dem der Magnet gerade mit dem Nordpol nach oben zeigt, ist aufgrund der Stromflussrichtung im LC-Schwingkreis auch gerade oben der Nordpol, sodass die Kraft ein abstoßendes Vorzeichen hat (beide Polaritäten ergeben miteinander eine repulsive Magnetkraft), passend zu den bisherigen Ausführungen der FPGW-Konzeption. In gleicher Weise steht der Südpol des Dauermagneten unten, einem Südpol des magnetischen Spulenfeldes gegenüber. Sobald sich dann der Magnet um eine halbe Drehung (um 180°) gedreht hat, liegt der Südpol des Magneten oben und der Nordpol des Magneten unten. In gleicher Weise hat sich auch das Magnet-

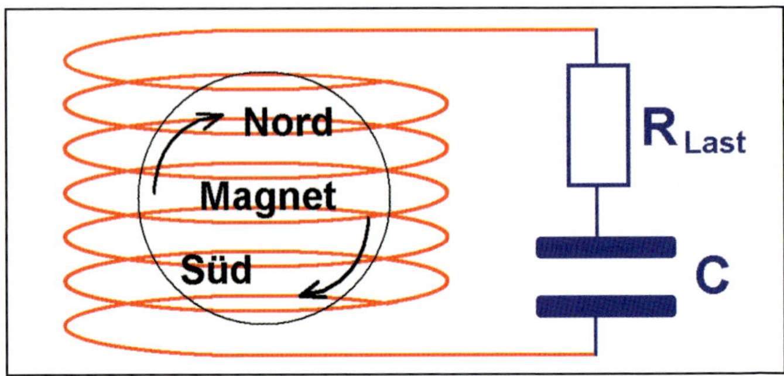

feld der Spule umgepolt, weil sich die Stromflussrichtung im LC-Schwingkreis umgekehrt hat, sodass nunmehr der Südpol des Magneten oben einem Südpol des Spulenfeldes gegenübersteht und der Nordpol des Magneten unten einem Nordpol des Spulenfeldes. Und wieder passen die abstoßenden (das heißt repulsiven) Kräfte einwandfrei zusammen, gemäß den bisherigen Ausführungen der FPGW-Konzeption.

Der entscheidende Trick ist, dass man nun den Magneten sehr viel schneller rotieren lassen kann, als man ihn mit einer Feder hätte hin- und herschwingen lassen hätte können. Da wir auf die Umkehrung der Bewegung (wie bei einer Schwingung) verzichten, wird die Geschwindigkeit, mit der sich der Magnet bewegt, nur durch die Technologie der mechanischen Lagerung und durch Reibungswiderstände begrenzt, weil das System schließlich nicht heiß laufen soll. Ein Abbremsen des Magneten ist überhaupt nicht mehr nötig. Eine derartig schnelle Drehung erlaubt es, sinnvolle Mengen an Energie pro Zeit aus dem Quantenvakuum zu wandeln, also eine ordentlich nutzbare Leistungsdichte des Raumenergiekonverters zu erzielen.

Da dieses System nunmehr das Problem der Raumenergiewandlung in zufriedenstellender Weise löst (zumindest in der Theorie), habe ich ihm einen eigenen Namen verpasst, nämlich »EMDR« = **E**lektro-**M**echanischer **D**oppel-**R**esonanz-Konverter. Die Bezeichnung geht darauf zurück, dass eine elektrische Resonanz in einem LC-Schwingkreis mit einer mechanischen Bewegung des Magneten

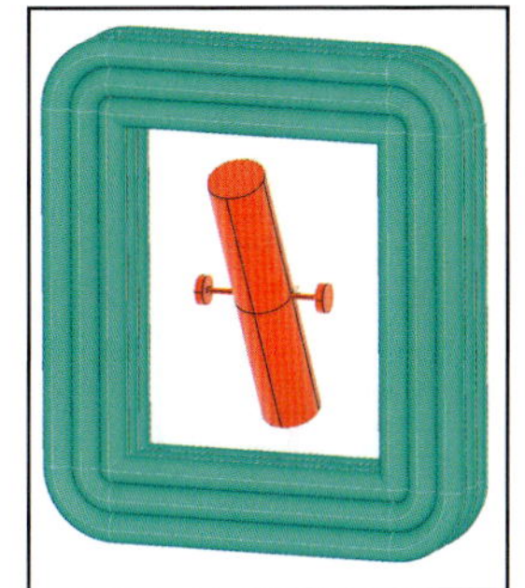

in Einklang gebracht werden muss, die wiederum für die Bewegung der Magnetfeldkomponenten verantwortlich ist und dafür sorgen muss, dass die Synchronizität zwischen den sich bewegenden Magnetfeldern und den im Draht schwingenden elektrischen Ladungen gewährleistet ist.

Das nebenstehend gezeigte Schema des EMDR-Konverters gibt übrigens nur seinen mechanischen Aufbau wieder (nicht aber den Kondensator), sodass man nur einen in einer Spule rotierenden Magneten sieht.

Gemäß der durchgeführten Computersimulationen ist die EMDR-Anordnung übrigens erfreulich leistungsfähig, sodass sich mit einem 10 Zentimeter langen Magneten (zu sehen in roter Farbe) in einer Spule (zu sehen in blauer Farbe) mit einem Außendurchmesser von nicht einmal ganz 20 Zentimetern eine Leistung von etwas mehr als einem halben Kilowatt erzeugen lässt.[58] Das System ist übrigens nicht zu beliebig kleinen Abmessungen skalierbar, weil dann das Lagerungsproblem immer schwieriger wird und die Zentrifugalkräfte, die auf das Magnetmaterial wirken, immer problematischer werden, aber größere Einheiten bereiten mit wachsenden Abmessungen (und Leistungen) zunehmend geringere technische Schwierigkeiten. Deshalb ist es relativ einfach, das Gerät auf die Größe eines handelsüblichen Kühlschranks oder einer Waschmaschine zu bringen und dann eine Leistung von circa 10 Kilowatt zur Verfügung zu stellen, wohingegen es überhaupt keinen Sinn ergeben würde, jede einzelne Elektrozahnbürste mit einem eigenen EMDR-Motor antreiben zu wollen. So ein EMDR-Motor in der Größe einer Waschmaschine hätte mancherlei Vorteile, wenn man ihn im Keller stehen hätte. Zum Beispiel würde er die Umwelt schonen, vor allem aber auch den eigenen Geldbeutel, er würde keinerlei Rückstände oder Abfälle produzieren, und er bedeutet überhaupt kein Risiko für die Gesundheit der Menschen, Tiere und Pflanzen.

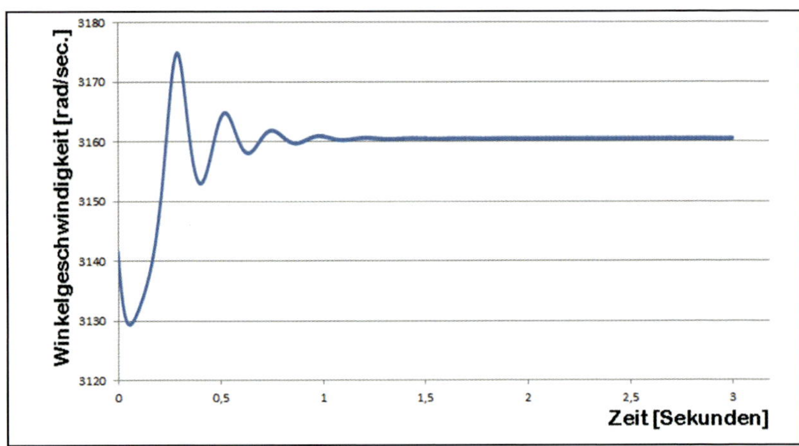

Ein paar theoretische Berechnungsergebnisse zum Betrieb des EMDR-Konverters möchte ich noch vorstellen. Das erste davon betrifft den Startvorgang (siehe Grafik oben).

Es versteht sich von selbst, dass sich der Magnet nicht von allein in Bewegung setzt. Man muss den EMDR starten. Den Startvorgang stellt man sich ähnlich vor wie das Anlassen eines Automotors in den 1920er-Jahren: Vorne dran ist eine Kurbel, die man drehen muss, um eine gewisse Startdrehzahl zu erreichen, und sobald die erreicht ist, läuft die Maschine. In der Grafik dargestellt ist die Drehgeschwindigkeit des Magneten als Funktion der Zeit, also die Information, wie sich diese Drehgeschwindigkeit im Laufe der ersten Sekunden des Startens der Maschine einstellt.

Wie wir in der Grafik sehen, muss die Maschine fast mit Arbeitsdrehzahl gestartet werden, es gibt also nicht wie beim Benzinmotor eine sehr niedrige Leerlaufdrehzahl. Ist die Startdrehzahl einmal erreicht, so schwingt sich die EMDR-Maschine relativ rasch auf die Arbeitsdrehzahl ein, das heißt, binnen gut einer Sekunde kommt sie zu einer konstanten Drehzahl, bei der sie ihre Arbeit verrichtet und Raumenergie wandelt. Der Hauptunterschied zum damaligen Automotor liegt allerdings in der Tatsache, dass die EMDR-Maschine keinen Kraftstoff benötigt.

Verstehen können wir den Startvorgang beim EMDR übrigens wie folgt: Je schneller der Magnet sich dreht, umso größer wird gemäß FPGW-Konzeption der Unterschied zwischen den Kräften beim Zueinander-hin-Laufen der Magneten und beim Voneinander-weg-Laufen der Magneten. Mit zunehmender Drehzahl wird also die FPGW-Konzeption zunehmend wirkungsvoller bei der Wandlung von Raumenergie. Daraus ergibt sich die Existenz einer kritischen Drehzahl, unterhalb derer die aus dem Quantenvakuum gewandelte Leistung zu gering ist, um die Reibung (der mechanischen und der elektrischen Verluste) im System zu überwinden. Erst oberhalb jener kritischen Drehzahl genügt die aus dem Quantenvakuum gewandelte Leistung zum Dauerbetrieb des EMDR als Selbstläufer. Darin liegt der Grund dafür, dass beim Startvorgang eine derart hohe Drehzahl erreicht werden muss, damit der EMDR-Konverter gemäß FPGW-Konzeption laufen kann. Ist diese Drehzahl erreicht, dann läuft der EMDR-Konverter aber komplett mit Energieversorgung aus dem Quantenvakuum.

Die hierfür nötige Arbeitsdrehzahl kommt, je kleiner der EMDR-Konverter ist, umso dichter an die Belastungsgrenzen der mechanischen Komponenten heran, sodass man hinsichtlich der Drehzahl nach oben hin umso mehr Spielraum hat, je größer der EMDR ist. Die für die Leistungsabgabe sinnvollerweise eingestellte Arbeitsdrehzahl liegt also nicht allzu weit oberhalb der für den Betrieb als Selbstläufer minimal benötigten kritischen Drehzahl. Dies wird ein wichtiges Kriterium bei der Auslegung der Maschine sein. In der Anwendung müssen wir dann die Maschine fast mit Arbeitsdrehzahl starten, also mit einer Drehzahl, die relativ dicht an die Belastungsgrenzen der mechanischen Komponenten herankommt. Ein Problem ist das nicht, man muss es nur wissen und bei der Konstruktion des Geräts beachten. Wir sehen in der Grafik, wie die Startdrehzahl von 3140 Radianten pro Sekunde fast die Arbeitsdrehzahl von 3160 Radianten pro Sekunde erreicht. Hierbei wurden allerdings noch nicht die Ma-

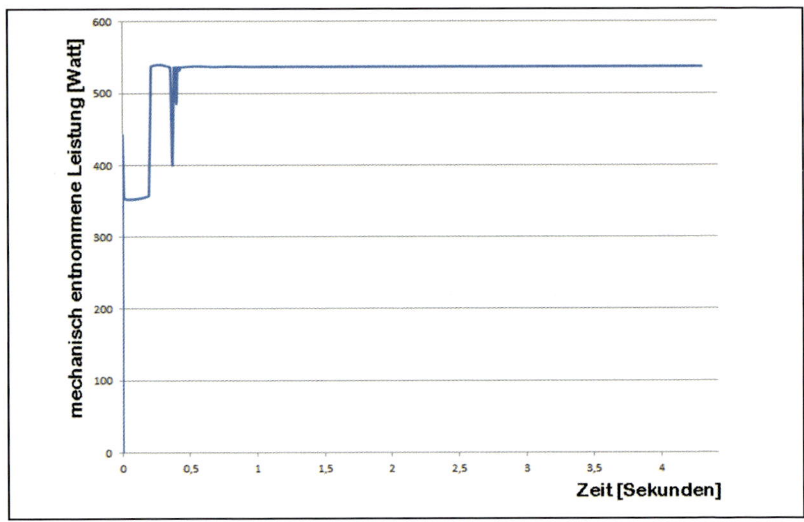

terialfestigkeiten real verfügbarer Magneten im praktischen Aufbau berücksichtigt.

Weil die komplette Leistung des EMDR-Konverters (hier im Beispiel circa 530 Watt) permanent immer auch durch den Kondensator hindurch muss, braucht man recht dicke (niederohmige) Spulendrähte und leistungsstarke Kondensatoren. Da die Kapazitäten auch noch relativ groß sind, also im Bereich einiger hundert Mikrofarad und die Spannung in unserem Rechenbeispiel dann auch noch über 200 Volt liegt, und dies bei einer Frequenz, die der hohen Drehzahl des Magneten entspricht, sind die Herausforderungen an die Kondensatorbank durchaus respektabel.

Die Grafik des Spulenstroms ist aufgrund der hohen Frequenz schlecht auf Papier darstellbar.[59] Es ist eigentlich ein sinusförmiger Verlauf, den man erkennen würde, wenn ich die Zeitachse entsprechend gespreizt hätte. Allerdings sähe man dann nicht den Einschwingvorgang (Startvorgang) und die zeitliche Konstanz der Amplitude im Dauerbetrieb. Das Entscheidende für uns ist die Tatsache, dass ein Strom von 60 Ampere (im Spitzenwert) schwingt, und das ist nötig, damit die Spule ordentliche Feldstärken erzeugt.

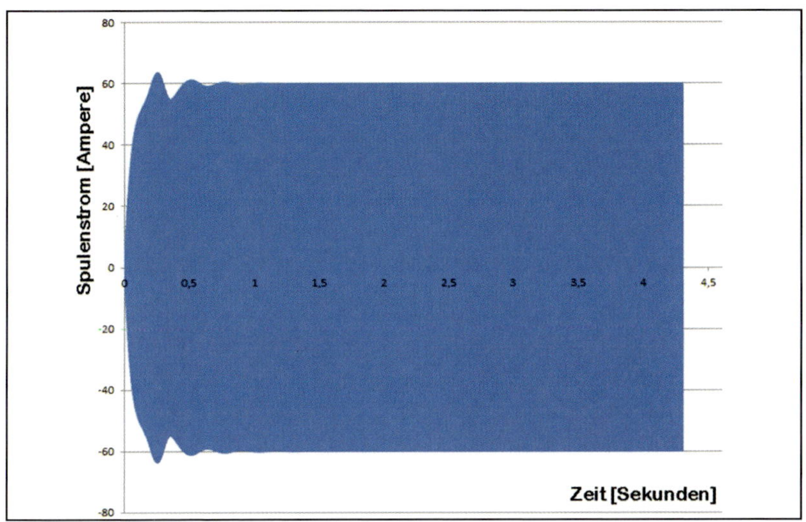

Damit ist eigentlich ein Ergebnis vorhanden:

- Eine Theorie zur Raumenergiekonversion habe ich entwickelt.
- Eine Verifikation dieser Theorie im Universitätslabor liegt vor.
- Eine Konstruktionsmethode für leistungsstarke Raumenergiemotoren zur allgemeinen Energieversorgung, auf der Basis der genannten Theorie, ist entwickelt und vorgeführt.

Auf jeden theoretischen Arbeitsschritt folgt dessen praktische Umsetzung. Daher kann ich nichts mehr hinzufügen, was ich in der Theorie noch tun könnte. Es kann erst wieder weitergehen, wenn ich den letzten theoretischen Schritt im Labor experimentell überprüfen kann. Konkret bedeutet das:

Wie man in den Quellcodes der Simulationsalgorithmen sieht, die ich alle im Internet nach dem Open-Source-Prinzip publiziert habe, benötigt man zur Auslegung des EMDR-Raumenergiemotors etwas mehr als zwei Dutzend Parameter, von denen man sehr viele messtechnisch bestimmen muss, um die Konstruktionspläne mit festen Werten und Abmessungen bemaßen zu können.

Natürlich habe ich mit meinen Arbeiten Konzepte publiziert, die in der Theorie durchentwickelt sind und nach denen man Raumenergiekonverter bauen kann. Aber es geht nicht mühelos, sondern mit einem erheblichen Arbeitsaufwand. Die Beispielberechnungen, die ich vorgeführt und im Internet publiziert habe, gehen hin bis zu Erläuterungen, die veranschaulichen sollen, wie man die technische Konstruktion ausführen kann. Das habe ich so weit verfolgt, dass es einen Satz technischer Zeichnungen gibt, mit denen ich das begreiflich machen will. Bei dem nachfolgenden Bild handelt es sich um eine Zeichnung aus diesem Satz. Ich weise aber ausdrücklich und explizit darauf hin, dass die Bemaßungen rein willkürlich angenommen sind, weil ich in Ermangelung eines Labors nicht in der Situation bin, meine theoretischen Computersimulationen auf echten Messwerten aufzubauen. Obwohl ich eigentlich gelernter Experimentalphysiker bin, kann ich für meine technischen Zeichnungen keine konkreten Werte angeben, denn es gibt in den Computersimulationen eine ganze Reihe von Parametern, die man erst im Labor messtechnisch/experimentell bestimmen müsste, um die so erhaltenen, echt gemessenen Parameterwerte in die Simulationsalgorithmen einsetzen zu können. In Ermangelung dessen habe ich bisher in meine Algorithmen nur plausibel vermutete Parameterannahmen einsetzen können, um wenigstens überhaupt das Rechenverfahren zu demonstrieren. Aber meine jahrzehntelange Laborerfahrung lässt mich wissen, dass der Unterschied zwischen plausibel vermuteten Werten und tatsächlich gemessenen Werten zuweilen recht bedeutsam sein kann. Deshalb betrachte ich meine theoretischen Vorführungen, einschließlich der Computersimulationsalgorithmen, nur als Erläuterungen des Verfahrens, nachdem man einen EMDR-Konverter konstruieren kann. Die tatsächlichen Werte muss jeder, der ein solches Gerät bauen will, in detaillierten Vorexperimenten selbst im Labor bestimmen.

Um die Leserinnen und Leser meiner Website vor der Versuchung zu schützen, meine beispielhaften Konstruktionszeichnungen der nachfolgenden Skizze einfach 1:1 nachzubauen, nur um anschließend frustriert festzustellen, dass die Parameter noch nicht auf handfesten

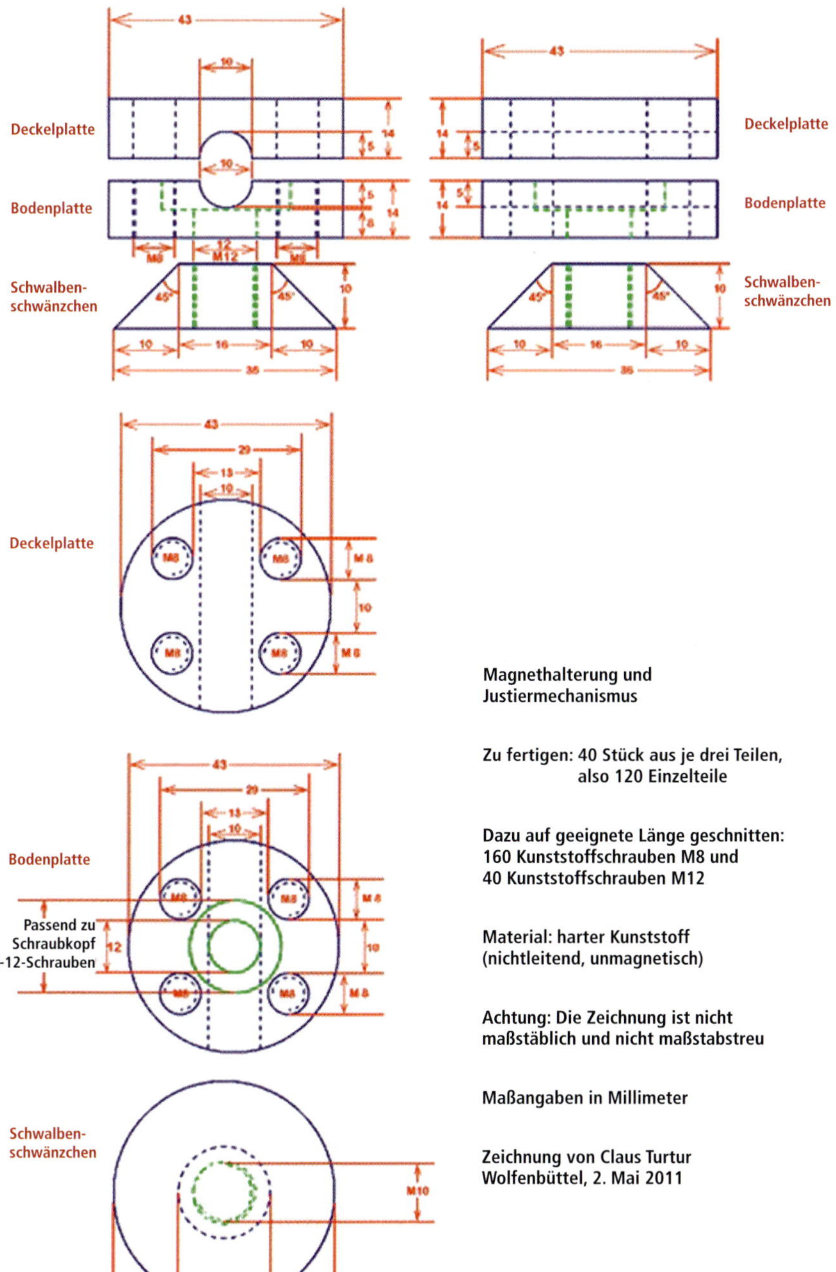

Magnethalterung und
Justiermechanismus

Zu fertigen: 40 Stück aus je drei Teilen,
also 120 Einzelteile

Dazu auf geeignete Länge geschnitten:
160 Kunststoffschrauben M8 und
40 Kunststoffschrauben M12

Material: harter Kunststoff
(nichtleitend, unmagnetisch)

Achtung: Die Zeichnung ist nicht
maßstäblich und nicht maßstabstreu

Maßangaben in Millimeter

Zeichnung von Claus Turtur
Wolfenbüttel, 2. Mai 2011

Labormessungen beruhen und der Aufbau nicht funktioniert, habe ich die Beschriftungen der Zeichnungen im Internet unscharf und kaum leserlich erstellt. Trotzdem ist zu meiner großen Überraschung die Zahl derer, die meine Beispiel-Konstruktionszeichnungen einfach 1:1 nachzubauen versucht haben, recht groß, und die Menschen unternehmen diese Versuche auch dann noch, wenn sie mich zuvor um die Angaben scharfer Bemaßungen angefragt haben und aus meinen E-Mail-Antworten die Erklärung lesen konnten, dass scharfe Bemaßungen bisher noch gar nicht existieren und erst nach detaillierten Forschungsarbeiten erzielt werden können.

So kann ich in einem auch etwas traurigen Resümee feststellen, dass viele Hobbybastler sich einbilden, sie könnten es besser als ich, obwohl die meisten, die mich anschreiben, nach eigenen Aussagen die Physik hinter der Raumenergiekonversion gar nicht verstehen und deshalb meine Berechnungen auch nicht nachvollziehen können. Um wie viel schöner wäre es, wenn all diese Hobbybastler Synergien nutzen würden und sich darum kümmern würden, professionelle Forschungsbedingungen zu sammeln, die mir den Bau eines Raumenergiekonverters ermöglichen würden. Und damit frage ich nicht nach der Herstellung einzelner Bauteile oder der Bereitstellung von Material, sondern nach der Akquisition ernsthaft professioneller Forschungsbedingungen mit einem hauptberuflichen Wissenschaftlerteam. Doch dazu werde ich später, im weiteren Verlauf des Buches, noch ein paar Gedanken äußern.

Wie man in der Grafik erkennen kann, ist die technische Zeichnung am 2. Mai 2011 erstellt worden. Seit dieser Zeit liegt meine Forschung vollständig auf Eis, und zwar auf unabsehbare Dauer, da mir jegliche Ressourcen fehlen, die man bräuchte, um den EMDR-Konverter von der Theorie in die Praxis zu bringen.

Das PDF zu »Übersicht über eine Projektplanung: Verschiedene Ansätze für Raumenergie-Konverter« können Sie auf meiner Internetseite aufrufen: *https://www.ostfalia.de/cms/de/pws/turtur/.content/documents/Teil_04-Projektuebersicht-freie-Energie-DEUTSCH.pdf*

Allein – was mir fehlt, ist eine Idee, ob es mir vergönnt sein wird, jemals damit anfangen zu dürfen. Deshalb bleibt es mir zu guter Letzt nur, das Abschlusskapitel mit einer Frage zu eröffnen.

4.3 Wie geht es nun weiter?

Ich weiß es nicht. Tatsächlich habe ich einen Stillstand und keine Idee, ob es je weitergeht. An Ideen, wie es inhaltlich weitergehen könnte, mangelt es mir nicht. Die theoretisch ausgearbeiteten Konzepte müsste ich jetzt im Labor in die Praxis bringen, sprich den Prototyp eines Raumenergiekonverters bauen. Diese Aussage hätte ich eigentlich nicht ins Buch zu schreiben brauchen, Sie wissen es ohnehin.

In Wirklichkeit lautet die Frage nicht: »Wie geht es technisch weiter?«, sondern: »Welche Möglichkeiten gibt es, außer herumzusitzen und Däumchen zu drehen?«

Der Stillstand hat keinen technischen Grund, sondern nichttechnische Gründe, die außerhalb der Physik und außerhalb der Ingenieurwissenschaften liegen. Es geht nicht um inhaltliche Fragen, sondern es geht um die Frage, ob es jemanden geben wird, der mir die nötigen Forschungsressourcen zum Bau eines EMDR-Konverters zur Verfügung stellen kann und dies auch tun wird. Bisher ist niemand erkennbar, und das schon seit Jahren.

Zunächst einmal habe ich festgestellt, dass sich mehr und immer mehr Menschen für die Raumenergie und deren Nutzung interessieren:

- Umweltschützer, die mithilfe der Raumenergie unsere Erde als Lebensraum für die Menschen erhalten möchten;
- Investoren, die durch die Vermarktung von Raumenergiekonvertern reich werden möchten – am liebsten extrem reich;
- eine zunehmende Zahl von Leuten, die sich der bereits vorhandenen Raumenergieszene anschließen;
- Schüler und Studenten, die fachliche Inhalte lernen möchten;

- spirituell veranlagte und begabte Menschen, die in den unsichtbaren Objekten des Quantenvakuums einen Zugang zu geistigen Kräften sehen, und auch zu Geistwesen, Lichtwesen, Seelen, Heiligen, Engeln …
- Begeisterte, für die die Raumenergie eines der Elemente der neuen Zeit ist;
- Bastler, die meinen, sie könnten selbst im Hobbybereich nach Feierabend einen Raumenergiekonverter bauen, aber feststellen, dass sie meine Hilfe dazu haben möchten;
- UFO-Beobachter, die sogar von Sichtungen berichten und dann über die gesehenen UFOs sagen: »Mit Benzin fliegen die ganz sicher nicht.«
- Bauingenieure und private Familien, die gerne für ihre eigenen Haushalte, aber auch für große Bauprojekte die völlig saubere und kostenlose Energie des Quantenvakuums nutzen möchten, erst mal für den Eigenbedarf;
- Gutmenschen, die mir einfach nur helfen wollen, jemanden zu suchen, der mir die Ressourcen zur Wiederaufnahme meiner Forschungsarbeiten zur Verfügung stellen kann und mag,
- und Menschen mit noch vielen anderen weiteren Beweggründen.

Das war die eine Seite einer Sichtweise, die positive, aber es gibt auch noch eine (wenn auch sehr kleine) zweite Seite. Wer sich noch meldet, sind vereinzelt:

- einzelne Physikerkollegen, die mich beleidigen. Das ist zum Glück eine verschwindende Minderheit. Diese Leute suchen keine Fachargumente, sondern sie gebrauchen ohne inhaltliche Begründung Worte wie »Scharlatanerie«, »Pseudowissenschaften«, »Perpetuum mobile«, »Verschwendung von Steuergeldern«. Wenn diese Kollegen wenigstens meine Publikationen anschauen würden, dann hätten sie gelesen, dass meine Forschung keinen einzigen Cent an Steuergeldern bekommen hat. Kritiken derartiger Physikerkollegen werden immer ohne fachliche Argumente vorgetragen, oder sie enthalten

Scheinargumente, die auf Laien so wirken sollen, als seien sie fachlicher Art, wie zum Beispiel der Vorschlag, ich möge mein Experiment einerseits im Space Shuttle und andererseits auf der Oberfläche des Planeten Jupiter reproduzieren, um Gravitationseffekte auszuschließen. Je weniger fachlich sinnvoll sich solche Kollegen äußern, umso mehr schreiben sie mit bodenloser Arroganz.

- Naturwissenschaftshistoriker wie dieser hier: »Als Wissenschaftshistoriker wundert es mich nicht, dass Herr Prof. Turtur auf diverse Schwierigkeiten stößt, seine Ideen auch nur zu publizieren. Das war bei grundsätzlich neuen Ideen schon immer so. Heutzutage gibt es eine enorme Anzahl unterschiedlicher, sich teils auch widersprechender theoretischer Konzepte, ob in der Kernphysik oder in der Kosmologie. … Ich denke: Wissenschaft sollte frei sein und deshalb müsste man allen Denkansätzen, die halbwegs vernünftig fundamentiert sind, zumindest eine entsprechende Öffentlichkeit (auch jenseits des Internets) verschaffen. Dass namhafte Fachjournale diesem Prinzip oft nicht folgen, finde ich bedauerlich und auch bedenklich.«
- Physikerkollegen, die entsetzt sind über das Verhalten der Wissenschaftlergemeinde, so wie zum Beispiel dieser hier: »Ich bin selber Physiker, habe jahrzehntelang … an der Universität gearbeitet. Eigentlich war meine Motivation zum Physikstudium mein Wille zur Erkenntnis. Ein wesentlicher Punkt dieser Erkenntnis war die frustrierte Einsicht, dass die etablierten Größen wenig Interesse an echter Erneuerung zeigen. Mehr noch, als Forscher und Wissenschaftler hat man nur eine Chance, finanziell zu überleben, wenn man in den richtigen Wissenschaftslobbys verkehrt und den modischen Mainstream mitmacht. Es geht nicht um Wissenschaft, sondern um Macht- und Stellenpoker, um Etablierungssucht und Forschungsgeldrangelei.«

Wenn ich vor diesem Hintergrund daran denke, dass die von der Wochenzeitung *Die Zeit* berichteten 1,8 Millarden Euro nur 0,18 Prozent dessen sind, was man als erwarteten Preis für die klassische Energiewende hört, nämlich Zusatzkosten zu den normalen Energiekosten in Höhe von 1 000 000 000 000.– Euro, dann kommt mir ernsthaft die Frage, ob etwas dran sein könnte an dem, was der Kollege da erzählt.

Berichtet wurde davon im Radio und im Internet, ich zitiere es mit dem Wortlaut des *Tagesspiegels* [Tag 13]: »Altmaier schwimmt die Energiewende davon« und weiter »Diese Billion, sie verfolgt ihn. ›So viel Geld,‹ sagte Peter Altmaier, ›werde die deutsche Energiewende kosten.‹«

Man muss sich das mal vorstellen, eine EINS mit ZWÖLF Nullen hintendran. 0,18 Prozent dieser Kosten genügen laut *Die Zeit*, um einen Teil der Budgethoheit in den Universitäten zu übernehmen.

Und wer sitzt in den Universitäten? Die Experten! Selbstverständlich betrachten sich die Universitätprofessoren als Experten, und sie werden auch von anderen Menschen als solche betrachtet.

Und wen beraten die Experten? Die Entscheidungsträger! Politiker fragen natürlich … Experten. Da die Politiker nicht alle Physiker sein können, geht das gar nicht anders. Das ist verständlich.

Die großen Publikationsmedien … fragen natürlich auch die Experten. Da die Journalisten, die Redakteure und die Verleger nicht alle Physiker sein können, geht das gar nicht anders. Auch das ist verständlich.

Man bittet Experten um Stellungnahmen. Das ist doch logisch. Man fragt jemanden, der Ahnung hat. Das mache ich auch so. Wenn mein Auto eine Reparatur braucht, dann ich gehe in eine Fachwerkstatt und spreche mit dem Meister. Der ist Experte, also lasse ich mein Auto von den Fachleuten in der Werkstatt reparieren.

Manchmal passieren Unfälle, und auch in einer Fachwerkstatt kann mal ein Auto beschädigt werden. Bei den Experten an den Universitäten ist das auch nicht anders. Irren ist menschlich. Dazu möchte ich an ein Beispiel erinnern, nämlich an das des Dr. Immanuel Velikovsky. Der 1895 geborene Wissenschaftler studierte in Montpellier, in Edinburgh und in Moskau, war Arzt und Psychoanalytiker, und verstarb schließlich anno 1979 in der berühmten amerikanischen Universitätshochburg Princeton, die weltweit als eine der allerersten Topadressen auch in der physikalischen Forschung gilt. Herr Velikovsky analysierte unter anderem kosmologische Ereignisse und deren Auswirkung auf die Geschichte der Menschheit. Dabei entstanden einige Bücher, wie zum Beispiel *Welten im Zusammenstoß* [Vel 05], für die er sehr große Probleme hatte, einen Verlag zu finden, der den Mut aufbrachte, so etwas herauszubringen.

Nachdem ihm die Publikation seiner Erkenntnisse schließlich doch gelungen war, wurde er an Hochschulen und Universitäten zur Persona non grata erklärt [Wik 13c], also zur unerwünschten Person. In der Diplomatie ist eine »Persona non grata« eine Person, die ein bestimmtes Gelände (zum Beispiel ein Land) nicht mehr betreten darf. Vermutlich durfte Herr Velikovsky verschiedene Universitäten nicht mehr betreten. Diese Art von offizieller Erklärung enthält eine starke politische Dimension. Es ist eine extreme Form der Ablehnung. Und das alles nur, weil seine fachlichen Thesen einigen Kollegen nicht gefallen haben. Von den Fachwissenschaftlern als unhaltbar zurückgewiesen [Wik 13c], also von den Experten der Universitätsprofessoren aufs Schärfste abgelehnt, berichtet schließlich *Wikipedia* [Wik 31c] vom Verlag Macmillan, der 1949 Velikovskys Arbeiten publizierte, aber diese Publikationstätigkeit dann wieder einstellte, weil andere Wissenschaftler, die in diesem Verlag publizierten, den Verlag so unter Druck setzten (mit der der Begründung einer angeblich zweifelhaften Methodik Velikovskys), dass Macmillan schließlich die Publikation von Velikovskys Arbeiten aufgab. Die permanente massive Ablehnung hat Velikovsky schließlich in die Depression getrieben, und doch muss man wissen, dass laut New York Times Book Review in der Kategorie »Allgemeine Sachbücher« nur ein einziges Buch höhere Verkaufszahlen erreichte als Velikovskys *Welten im Zusammenstoß*, nämlich die *Bibel*.

Und dass viele Wissenschaftler Velikovskys Arbeiten nach außen hin ablehnten, heimlich aber ganz anders darüber dachten, beweist sogar Albert Einstein, der sich in seinen letzten Lebensmonaten mit den bahnbrechenden Forschungsarbeiten Velikovskys beschäftigte. Immerhin fand man nach dem Tode Einsteins Velikovskys *Welten im Zusammenstoß* auf seinem Schreibtisch, aufgeschlagen und mit zahlreichen Randnotizen aus der Hand Einsteins versehen. Es war das letzte Buch, in dem Einstein las.

Das beruhigt mich insofern, als ich sogar von einem DFG-Gutachter aktiv angeschrieben wurde. DFG-Gutachter sind Menschen, die mitten im Machtzentrum der Wissenschaftspolitik sitzen, weil sie über die Vergabe von Milliarden von Forschungsgeldern pro Jahr entscheiden. Nicht ich habe mich an ihn gewandt, sondern er hat sich an mich gewandt, allerdings habe ich ihm geantwortet. Er schrieb direkt, dass ich ihn mit meinen Arbeiten zur Raumenergie sehr beeindruckt habe, bat mich mehrfach um wissenschaftliche Diskussion, schließlich sogar um Experimentierplanung und fragte nach Details für Stromanschlüsse, Messgeräte etc. Er formulierte seine Schreiben aber in solch maßloser Arroganz und diskreditierte mich gleichzeitig, auch gegenüber außenstehenden Dritten, in solcher Weise, dass ich eine Kooperation mit ihm beim besten Willen nicht aufnehmen konnte. Zwar hat er mich nie darum gebeten, seinen Namen zu verschweigen, aber er bat mich in jenem Schreiben, mit dem er mir ein Gutachten über meine Arbeiten sandte, welches er ohne mein Wissen erstellt hatte, ich möge dieses Gutachten nicht ins Internet stellen. Daran habe ich mich selbstverständlich immer gehalten, auch wenn er keinen Anspruch darauf hat. Ich respektiere diesen seinen Wunsch allein schon deshalb, weil er in einer besonderen Machtposition sitzt. Darüber hinaus möchte ich aus Höflichkeit seinen Namen nicht nennen.

Dass Galileo Galilei für seine ketzerische Behauptung, die Erde würde sich drehen, schließlich eingesperrt wurde (lebenslanger Hausarrest), ist bekannt. Wie kann ein Mensch (wie Galileo Galilei) es auch wagen, den Experten so massiv zu widersprechen?

Dass Christoph Kolumbus auswandern musste (nach Spanien), um die Forschungsressourcen zur Verfügung gestellt zu bekommen, die es ihm ermöglichten, Amerika zu entdecken, ist ebenfalls bekannt. Wie kann ein Mensch es riskieren, von der Erdscheibe hinunterzufallen? Alle Experten seiner Zeit haben ihn vor diesem Absturz gewarnt.

Dass die erste dampfgetriebene Eisenbahn in Deutschland, zwischen Nürnberg und Fürth, mit ihren über 30 km/h so schnell rasen würde, dass das Mitfahren für Menschen lebensgefährlich werden wird, kann man in Expertengutachten von Medizinprofessoren nachlesen, die mit ihrer Warnung vor der ersten öffentlichen Fahrt ihre Mitmenschen vor der Gefahr des Erstickens bewahren wollten.

Für die segensreichen Kenntnisse von Experten, könnte man noch zahlreiche weitere Beispiele anführen, aber eine Fortsetzung dieser Aufzählung bringt uns jetzt keine zusätzliche Erweiterung unseres geistigen Horizonts. Was ich zum Thema »Experten« schreiben möchte, habe ich geschrieben.

Nun bringt man unseren Kindern auf den Schulen immer bei, dass im finsteren Mittelalter oder auch sogar bis ins 19. Jahrhundert hinein das Unverständnis und die Intoleranz vieler Menschen ein Problem war. Heute sei alles besser.

Dass es nicht besser ist, sehen wir bei Nikolai Kosyrew. Dogmatiker gab es zu allen Zeiten, auch im 20. Jahrhundert. Es wird sie immer geben. Dies erweckt den Anschein, dass die Befolgung von Dogmen eine fest installierte Schaltung im menschlichen Gehirn ist und dass diese sich auch im Laufe der Jahrhunderte nicht ändert. Als Nikolai Kosyrew Anfang des 20. Jahrhunderts mit den stärksten Teleskopen seiner Zeit als Mitglied der Russischen Akademie der Wissenschaften am Pulkovo-Observatorium in St. Petersburg den Mond beobachtete und das Heraustreten einer Substanz entdeckte, die wir heute als aktiven Vulkanismus zu deuten versuchen, weigerten sich die Fachkollegen ebenfalls, die experimentellen Beweise zu betrachten. Herr Galilei hatte seine Kollegen eingeladen, durch sein Fernrohr hindurchzuschauen und den Mond zu beobachten, sie weigerten sich. Herr Kosyrew hat seine Kollegen eingeladen, mit seinen Teleskopen den Mond zu betrachten, man verbannte ihn zu 10 Jahren Lagerhaft nach Sibirien (und dies war ein in Gerichtsrevision abgemildertes Todesurteil). Fast alle Mitglieder seiner Häftlingsgruppe in der Nickelmiene in Sibirien sind erfroren, nicht aber Nikolai Kosyrew [Kos 10]. Er konnte aus Sibirien zurückkehren und schließlich sogar wieder forschen. Dabei hat er sehr produktiv und kreativ gearbeitet und viele weitere interessante Dinge entdeckt, die allerdings auch heute noch weitgehend verschwiegen und von den Experten, besonders an den Universitäten, praktisch ignoriert werden.

Dass die Situation sich im 20. Jahrhundert nicht wirklich gebessert hat, zeigt das Beispiel des Immanuel Velikovsky, der immerhin erst 1979 verstorben ist.

Ein weiteres Beispiel ist David Bohm, der mit der nach ihm benannten Bohmschen Kopfwellenmechanik einige philosophische Probleme der Quantentheorie löste, aber damit so gründlich ignoriert und totgeschwiegen wurde, dass auch ich als Student und als Doktorand niemals von ihm gehört hatte. Was man an der Universität zu lernen anbietet, ist die Kopenhagener Interpretation der Quantenmechanik nach Niels Bohr, die die heutige Mehrheitsmeinung darstellt. Obwohl David Bohm bei Robert Oppenheimer, dem Vater der Atombombe, studiert hatte, später am California Institute of Technology gewesen war und dann sogar mit Albert Einstein zusammengearbeitet hatte [Wik 13d], obwohl David Bohm also bestens im Establishment der Universitätsexperten eingegliedert war (siehe auch Aharonov-Bohm-Effekt), hat man ihm zu Lebzeiten nie durchgehen lassen, dass er plötzlich anfing, eigene Gedanken zu entwickeln, und so hat man diese eigenen Gedanken der Kopfwellenmechanik einfach ignoriert. Niels Bohr hat die von ihm entwickelte Kopenhagener Deutung der Quantenmechanik übrigens mit solch intensiver psychologischer Intensität durchgesetzt, dass seine Frau (Frau Bohr) sogar einen Kollegen nach Fachdiskussionen mit Herrn Bohr wieder gesund pflegen musste.

Mit Beispielen über die geistige Toleranz und die Bereitschaft zur Weiterentwicklung eigener Fachkenntnisse seitens Experten könnte man ganze Bücher füllen. Aber das ist nicht das Ziel des hier vorliegenden Buches. Was ich mit meinen vorangehenden Worten erreichen will, ist, die Menschen darauf aufmerksam zu machen, dass man nicht einfach den Experten alles (kritiklos) glauben möge, was sie von sich geben. Es wäre sehr schön, wenn auch einige der Entscheidungsträger diese Einsicht gewinnen könnten – aber da habe ich ganz persönlich sehr wenig Hoffnung.

Wirklich unangenehm hingegen sind Fakes, die man als Videos im Internet findet, also etwa Beispiele wie diese hier: »Freie Energie – free energy generator. EMDR nach Professor Turtur«, hochgeladen am 06.10.2011: *http://www.youtube.com/watch?v=iTIHqAi_FC4*

Dass dieses Fake-Video mit mir nichts zu tun hat, ist die eine Tatsache. Freunde von mir haben versucht, den Ersteller des Videos ausfindig zu machen, und ich habe versucht, mit ihm zu kommunizieren. Angeblich befindet er sich in Mexiko, aber wirklich in Erfahrung bringen konnte ich seine Identität und ebenso seine Lokalisierung nicht. Eine Kommunikation habe ich über eine ziemlich kryptische E-Mail-Adresse probiert, und der Inhaber dieser E-Mail-Adresse (die ich mir nicht aufgehoben habe) behauptete in sehr fehlerhaftem Englisch, der Ersteller dieses Videos zu sein. Aber eine Kommunikation mit mir hat er nicht akzeptiert und anstelle dessen in extrem ruppigem Ton meine Kommunikationsversuche abgewiesen.

Eine Zeitlang stand sogar meine Adresse als Kontaktadresse unter einem derartigen Video, und spätestens an dieser Stelle war für mich der Beweis klar erbracht, dass ich mit Fakes ins Lächerliche gezogen werden soll. Glücklicherweise hat man wenigstens diese Kontaktadresse inzwischen gelöscht. Den Ersteller des Videos, der meine offizielle Dienstadresse unter dem Video als Kontaktadresse angegeben hatte, konnte ich auch nicht ausfindig machen, um mit ihm zu kommunizieren.

Das ist für mich ein klares Indiz dafür, dass jemand versucht, mich in die Lächerlichkeit zu ziehen. Dass der Aufbau, so wie er in dem oben genannten Video gezeigt wird, nicht funktionieren kann, versteht sich von selbst. Ich empfinde das als eine Diskreditierung, weil es sachlich/inhaltlich gar nicht möglich ist, meinen EMDR in der gezeigten Art zu bauen.

Ich habe traurigerweise keine Idee, wie man derartige Blödsinns-Videos, die nur die Menschen verwirren, abstellen kann.

Wenn ich also nach aller epischen Breite meiner Erzählungen wieder zurückkomme zu der Frage, die über Kapitel 4.3 steht und wissen will: »Wie geht's nun weiter?«, bleibt mir nichts anderes übrig als der Weg, interessierten Menschen von der Raumenergie zu erzählen. Das ist alles, was ich im Moment noch tun kann.

Die Idee des Weitergebens der Information wurde eigentlich von Mitmenschen an mich herangetragen, die meine Fachpublikationen sahen, selbige als Nichtphysiker aber nur sehr bruchstückhaft verstehen konnten. Verschiedene Zeitungen und Journale luden mich ein, allgemein verständliche Artikel über meine Arbeiten und zu meinen Ergebnissen zu schreiben, die für ALLE Menschen lesbar sind, nicht nur für Physikerkollegen. Verschiedene Interviews habe ich gegeben, in Internetvideos und auch im Radio. Auch etliche öffentliche Vorträge habe ich gehalten.

Natürlich freue ich mich über all die lieben Leute, die mir helfen, das Wissen über die echte saubere Energiealternative unter die Menschen zu bringen, daher habe ich die Einladungen zu allgemein verständlichen Publikationen grundsätzlich immer angenommen und zahlreiche Artikel geschrieben. Soweit möglich, möchte ich das auch gerne weiterhin tun. Anfänglich war es für mich eine ziemliche Herausforderung, meine Darstellungen didaktisch so aufzubereiten, dass ich auf den jahrzehntelang eintrainierten Sprachstil der naturwissenschaftlichen Insider zu verzichten lernte, Formeln nicht hinschrieb, sondern nur die Ergebnisse veranschaulichte. Schritt für Schritt habe ich mich herangearbeitet und meine Darstellungen immer allgemein verständlicher werden lassen. Sehr geholfen hat mir dabei die Vorstellung von Richard Feynman, den ich an dieser Stelle nicht exakt, sondern nur sinngemäß zitieren will: »Erst wenn Du es schaffst, deine Theorie einem Grundschulkind zu erklären, dann hast du sie wirklich verstanden.« Ich stellte mir also im Geiste eine kleine Gruppe begeisterter Grundschulkinder mit leuchtenden Augen und dem Mund voller Fragen vor und erzählte meiner Computer-Spracherkennungssoftware die Geschichte für diese Kinder. Wieder und immer wieder erzählte ich die Geschichte, weil wieder und immer wieder die Fragen interessierter Mitmenschen kamen. Auf diese Weise lernte ich allmählich, meine Darstellung mehr und mehr auf ein allgemein verständliches Format zu bringen. Sicherlich gelingt mir das auch heute noch nicht ganz perfekt, aber meine Zeitgenossen bestätigen mir, gerade in dieser Richtung in den letzten Jahren sehr viel gelernt zu haben. Diese didaktischen Übungen kommen übrigens auch meinen Vorlesungen über normale Standardthemen zugute (auch wenn ich dort meine Arbeiten zur Raumenergie mit keinem Wort erwähne). Man nennt das in der Tat »Fachdidaktik«.

Sehr viel Freude bereitet hat mir auch das direkte Feedback, das sich ergibt, wenn ich den Menschen direkt, von Angesicht zu Angesicht, meine Arbeiten vorstellen durfte. Das kam dadurch zustande, dass man mich zunehmend häufiger zu Vorträgen zum Thema Raumenergie einlud, die ich mit Begeisterung hielt. War ich anfangs kaum wahrgenommen worden, so strömten die Menschen jetzt zu Hunderten (manchmal sogar zu Tausenden) herbei, um mir zuzuhören. Das war ein wundervolles Gefühl, sodass ich mit leuchtenden Augen vor den Leuten stand, und die hörten mir mit leuchtenden Augen zu. Es war einfach herrlich. Hatte ich in all den Jahren nie einen Lohn für meine Raumenergiearbeiten bekommen, so waren die Artikel, die ich schreiben und veröffentlichen durfte, und die vielen Menschen, die mir begeistert zuhörten, der schönste Lohn, den ich mir je vorstellen konnte. Menschen kamen zu mir, um Fragen zur Raumenergie zu stellen und meine Antworten weiterzuerzählen, in Zeitungen, in Leserbriefen, im Internet, in Videos und überall, wo man es sich vorstellen kann. Endlich fingen die Leute an, sich für die Raumenergie zu interessieren, und das tat mir richtig gut, denn dadurch wurde mir zumindest deutlich, dass meine Arbeiten einen Sinn hatten.

Eigentlich war dies eine schöne Zeit, einzig und allein ein kleiner bitterer Beigeschmack blieb aufgrund der Tatsache, dass ich die Forschungsarbeiten, die ich in Wirklichkeit hätte machen wollen, nicht durchführen konnte, weil ich schlichtweg keine Möglichkeiten dazu hatte. Aber ich träumte davon, dass sich durch die langsam zunehmende Bekanntheit meiner Ergebnisse irgendwann irgendwelche Menschen finden würden, die mir die nötigen Ressourcen zur Verfügung stellen würden, die es mir ermöglichen würden, meine Forschungsarbeiten wieder aufzunehmen. Noch heute warte ich darauf, aber je länger das Warten andauert, umso geringer wird die Hoffnung … und diese Resignation, die allmählich aufkeimt, ist der eigentliche Grund für jenen bitteren Beigeschmack, der Jahr für Jahr zunimmt.

Geneigte Leserinnen und Leser werden jetzt möglicherweise fragen, was man denn bräuchte, um den Prototyp eines Raumenergiekonverters zu bauen. Also will ich die Antwort auf diese Frage kurz andeuten:

Einen Raumenergiekonverter kann man nicht im privaten Hobbybereich, also in der Freizeit nach Feierabend, basteln. Das wäre etwa so, als wollte man den Taschenrechner als solchen selbst zu Hause erfinden: Es wird auf eigene Faust nach Feierabend nicht gelingen, auch wenn es die Geräte für 3,95 Euro bei Aldi gibt. Das Gerät ist heute Alltagsware – aber den ersten Prototypen selber basteln zu wollen, das gelingt nicht.

Nachdem ich jetzt erzählt habe, wie es nicht geht, will ich mich nicht aus der Verpflichtung stehlen, sondern erzählen, wie es gehen könnte. Dafür interessieren sich die Leute. Die Überlegungen dazu basieren auf meinem vorhandenen theoretischen Konzept zum Bau eines EMDR-Raumenergiemotors und auf anderen aus der Literatur bekannten Raumenergie-Nutzungskonzepten:

1. **Man braucht** ein Team mit sachkundigen Leuten. Dabei sein müssten ein theoretischer Physiker, zwei oder drei Experimentalphysiker, ein Elektroingenieur, ein Maschinenbauingenieur, ein Feinmechaniker sowie verschiedene Laborassistenten. Und alle diese Kräfte müssten hauptberuflich zur Verfügung stehen, um ganztags etwa 3 bis 5 Jahre zu arbeiten. Für ein Forschungsprojekt ist das kein wirklich großer Aufwand. Typische Forschungseinrichtungen oder Forschungsabteilungen arbeiten normalerweise so, meistens mit deutlich höherem Personalaufwand.
2. **Man bräuchte** natürlich auch allerlei Ausrüstung, Geräte und Material, womit diese Leute arbeiten. Dazu gehören Messgeräte, Computer, aber auch eine allgemeine Laborausstattung, wie etwa Oszillografen, Messsonden für verschiedenste Messgrößen (Drehzahlen, Magnetfelder, Leistung, Energie, Kraft und vieles andere mehr). Auch ausgerüstete Werkstätten für mechanische Musterfertigung und für elektrische/elektronische Schaltungen wären nötig. Man darf auch nicht die speziellen Einrichtungen vergessen, die man selbst entwickeln muss, wie etwa eine dynamische Drehmomentmessung, Leistungsmessung usw.
3. **Die Arbeiten müssen** natürlich auch in einem Gebäude stattfinden, man braucht ein Dach über dem Kopf, Möbel, es gibt Betriebskosten, Zuliefererteile, Verbrauchsmaterial und alles, was eine hauptberufliche Arbeitsgruppe eben so typischerweise benötigt. Dazu gehört zum Beispiel auch der Zugang zu einer wissenschaftlichen Fachbibliothek, Internetanschluss usw.

Ich entwerfe nicht in einem allgemeinen Buch einen Businessplan für ein Forschungsprojekt. Aufgrund fehlender kaufmännischer Kenntnisse bin ich überhaupt nicht in der Lage, einen wirklich seriösen Businessplan aufzustellen. Trotzdem will ich nachfolgend ein Gefühl für die Größenordnung des Projekts vermitteln – ein Bauchgefühl zugegebenermaßen, aber es soll das Projekt veranschaulichen, damit man einordnen kann, über welche Dimensionen wir nachdenken:

- Professor Szabo, von dem bereits der Anlauf einer Serienproduktion von magnetisch angetriebenen Raumenergiemotoren berichtet wurde (allerdings ist er in der Zwischenzeit wieder verschwunden, angeblich nach Aussagen eines Bracheninsiders aufgrund von Intrigen eigener Mitarbeiter, aber Beweise gibt es nicht), hat über 500 Millionen Dollar aufwenden müssen, um die Geräte mit einem Team von (zeitweise) bis zu 400 Leuten zu realisieren. 108 Prototypen seien gebaut worden, bis die Arbeiten endlich, in Anlehnung an Nikola Tesla, von Erfolg gekrönt waren. Seit 1980 hat Szabo daran gearbeitet und über 20 Jahre gebraucht, bevor sich die allerersten Erfolgsmeldungen einstellten. Dabei hat Kollege Szabo noch viel weniger Fehlversuche hinnehmen müssen als zum Beispiel Thomas Alva Edison für seine Erfindung der Glühbirne, für die er mehr als tausend Anläufe benötigte. [Sza 13] Professor Szabo gab übrigens seine Maschine, die im Multi-Megawatt-Bereich arbeitete, nur an ausgesuchte industrielle Großkunden heraus, und er war aus technischen Gründen, namentlich aufgrund seines Funktionsprinzips, nicht in der Lage, seine Maschine kleiner zu skalieren, sodass sie für private Haushalte nicht einsetzbar gewesen wäre.
- Die bekanntermaßen geplante »große Energiewende« mit klassischer Energieversorgung hat einen ganz anderen Umfang als Szabos Projekt. In den öffentlichen Massenmedien ist die Rede davon, dass zu den normalen Energiekosten noch ein zusätzlicher Extraaufwand von 1 000 000 000 000.– Euro hinzukommen sollten.

► Im Gegensatz zu Professor Szabo, der nicht die Theorie der Raumenergiekonversion entwickelt hat und auch nicht beherrscht (und der deshalb empirisch herumexperimentieren musste und dabei viele Fehlschläge in Kauf nehmen musste), nimmt sich mein Projekt geradezu sparsam aus. Mein Alleinstellungsmerkmal ist es, dass ich die Theorie der Raumenergiewandlung entwickelt habe und damit auf solider theoretischer Basis meine Konverter konstruieren kann. Das spart enorm viel experimentellen und laborpraktischen Aufwand. Ich will in einem allgemein veröffentlichten Buch keine Budgetierung planen, doch halte ich es für eine realistische Illustration, wenn ich die verschiedenen Budgets, darunter auch mein geplantes Budget, in Relation setze durch eine Handvoll Münzen.

Das könnte dann in etwa so aussehen:

1. Unten stehend mein Budget. Ich setze es einfach mal zur Veranschaulichung mit 100 Prozent an, symbolisiert durch eine Münzeinheit.

2. Das Forschungsbudget von Professor Szabo ist natürlich um einen ernst zu nehmenden Faktor größer als die Planung meiner Arbeiten:

3. Eine völlig andere Dimension hat das 1 000 000 000 000-Euro-Budget der großen »Energiewende«, die doch nur klassische Energieträger vorsieht:

Eigentlich müsste man Hunderte von Buchseiten mit den Bildern der Symbolmünzen füllen, um das Budget der »großen Energiewende« zu veranschaulichen, aber dafür reicht das vorliegende Buch nicht aus. Würde ich alle Symbolmünzen abbilden wollen, so würde das Buch um ein Mehrfaches dicker sein, als Sie es jetzt in Händen halten, und es würde dann überwiegend aus Bildern von Symbolmünzen bestehen. Das wäre langweilig, aber es würde die Situation greifbar machen. Zentnerweise müsste man die Münzen anschleppen, um dieses Budget in unserem Maßstab zu veranschaulichen. Das ist weitab von einer »Handvoll Münzen« oder einer einzigen Münze, die ich veranschlage.

Sie kennen das alte Sprichwort: »Uns ist nichts zu teuer, um eine Mark zu sparen.« (Volksmund) Warum das so ist, weiß ich nicht, und vielleicht muss ich das auch nicht verstehen.

Was ich aber durchaus verstehe, ist die Energiekostenabschätzung, die sich bei Strom aus meinem EMDR-Konverter ergibt: Der Preis liegt im Bereich von 0,05 bis 0,10 Cent pro Kilowattstunde, und das ist recht günstig, wenn man bedenkt, dass private Abnehmer derzeit zwischen 20 und 25 Cent pro Kilowattstunde bezahlen müssen. [Stand 2014] Auch wenn manche Großkonzerne seit vielen Jahren für Strom deutlich weniger bezahlen als wir Privatleute, so wäre mein EMDR-Strompreis noch um circa zwei Zehnerpotenzen unter dem, was Großkonzerne bezahlen. Und er wäre verfügbar für Privatleute ebenso wie für Großkonzerne. Meine EMDR-Energiepreis-Prognose will ich begründen:

Nehmen wir an, wir bauen das Gerät stabil und robust, sodass es eine Lebensdauer von mindestens 30 Jahren erreicht und eine Leistung von circa 20 Kilowatt abgibt. Da es (idealerweise wartungsfrei wie eine Bohrmaschine) 24 Stunden pro Tag (und Nacht) während 365 Tagen im Jahr arbeiten kann, berechnen wir die gesamte produzierte Energie (als Leistung mal Zeit) gemäß

$$E = 20\,kW \cdot 24\,Std \cdot 365\,Tage \cdot 30\,Jahre = 5.256.000\,kWh$$

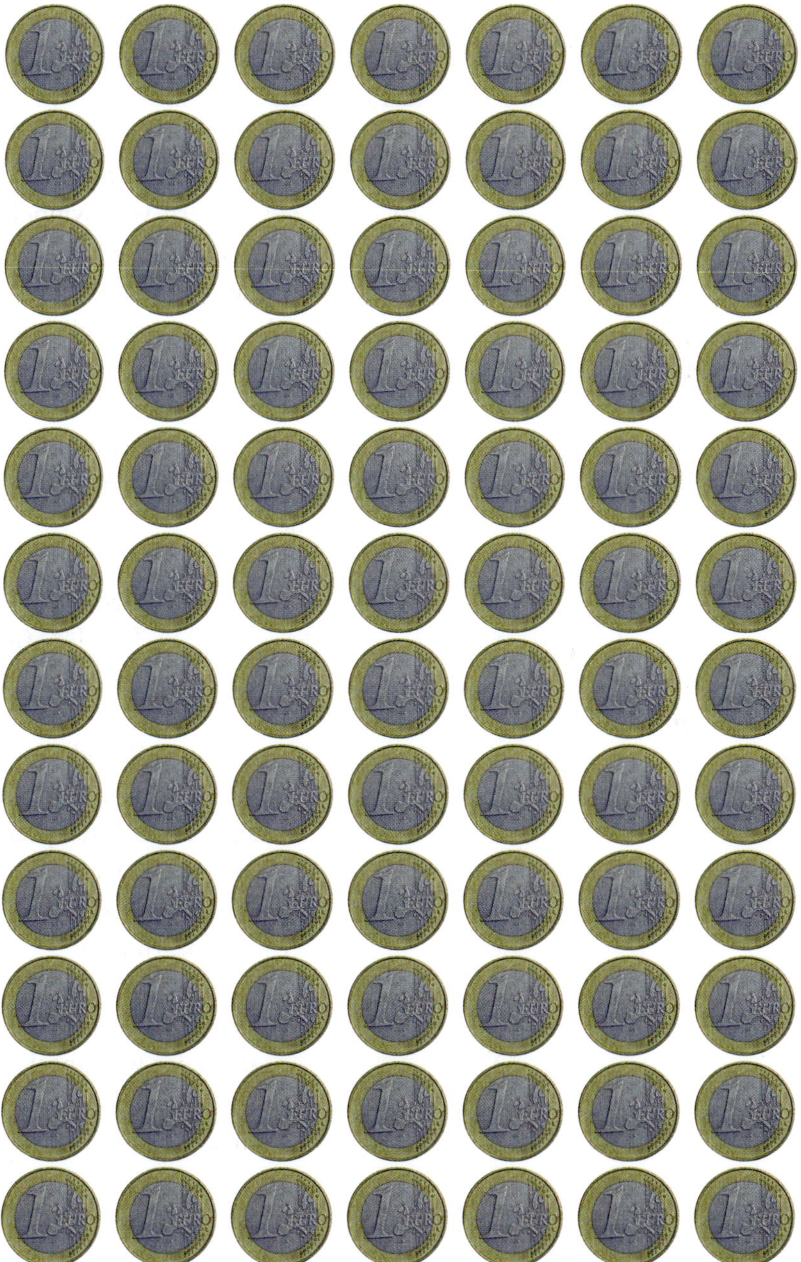

Wenn das Gerät in der Auslieferung, in einer sicherheitshalber hoch angesetzten Kaufpreisabschätzung, zum Beispiel 3000 Euro kostet, dann müssen wir diesen Preis auf 5 256 000 kWh verteilen, das macht

$$\frac{Kosten}{Energie} = \frac{3000,- \, Euro}{5.256.000 \, kWh} = 0,057 \frac{Cent}{kWh}$$

Sicherlich ist das nur eine ungefähre Abschätzung, aber ich denke, wir können auch damit leben, wenn der Energiepreis um 10, 20 oder 30 Prozent abweichen würde, egal ob die tatsächlichen Energiekosten dann ein wenig niedriger oder ein wenig höher liegen.

5 Anhang

5.1 Literaturhinweise und Referenzen

Weitere, über die unten stehende Liste hinausgehende Quellenangaben (nämlich alle, die in die Arbeit eingeflossen sind) finden sich in den wissenschaftlichen Fachpublikationen des Autors, die von seiner Website aus aufrufbar sind: *https://www.ostfalia.de/cms/de/pws/turtur/* Wenn unten angegebene Websites nicht zugänglich sind, ist oft eine Rekonstruktion über eine Wayback Machine (Internetarchiv) möglich, zum Beispiel über *http:// archive.org/web/web.php*

[Ada 10] Motor von Robert Adams, zu finden in 2010 unter *http://en.wikipedia.org/wiki/Adams_motor*

[Bea 02] Motionless Electromagnetic Generator, Tom Bearden et al.; US Patent, 6,362,718 vom 26.03.2002; Erfinder: Patrick L. Stephen, Thomas E. Bearden, James C. Hayes, Kenneth D. Moore, James L. Kenny; auch nachzulesen unter *http://www.cheniere.org/*

[Boy 66–06] Timothy H. Boyer hat eine riesige Publikationsliste (Am. J. Phys., Il Nuovo Cimento, Ann. Phys., Phys. Rev., J. Math. Phys., Found. Phys. und viele andere mehr), die 1966 beginnt und bis 2008 führt, sie ist zu finden unter *http://www.sci.ccny.cuny.edu/physics/faculty/boyer.htm*
Für viele aus der Quantentheorie bekannte Phänomene findet man dort alternative Herleitungen im Rahmen der stochastischen Elektrodynamik, ohne Quantentheorie.

[Boy 80] A Brief Survey of Stochastic Electrodynamics, by Timothy Boyer; Foundation of Radiation Theory and Quantum Electrodynamics; Editor: A. O. Barut, Plenum, New York 1980

[Boy 85] The Classical Vacuum by Timothy Boyer
Scientific American 253, No. 2, August 1985, S. 70–78

[Cal 84–09] Calphysics Institute (Director Bernard Haisch); hier existiert eine umfangreiche Publikationsliste (Ann. Phys., Phys. Rev., Found. Phys. und viele andere mehr), die 1984 beginnt und bis heute weitergeführt wird. Sie ist zu finden unter: *http://www.calphysics.org/index.html*

[Cas 48] On the attraction between two perfectly conducting plates. H. B. G. Casimir (1948), Proceedings of the Section of Sciences, Koninklijke Nederlandse Akademie van Wetenschappen, S. 795
sowie H. B. G. Casimir und D. Polder, Phys. Rev. 73 (1948) S. 360

[Col 93] Extracting energy and heat from the vacuum; Daniel C. Cole and Harold E. Puthoff; Phys. Rev. B, Vol. 48, No. 2, August 1993, S. 1562

[Col 96] Foundations of Physics, Vol. 26, No. 11, 1996, S. 1559–1562
Daniel C. Cole and Alfonso Rueda; Springer Netherlands, ISSN 0015-9018 (Print) 1572-9516 (Online); DOI:10.1007/BF02272370

[Cor 95] Paulo N. Correa und Alexandra N. Correa
• Electromechanical Transduction of Plasma Pulses, US Patent 5,416,391. 16.05.1995

- Energy Conversion System, US Patent # 5,449,989. 12.09.1995
- Direct Current Energized Pulse Generator Utilizing Autogenous Cyclical Pulsed
- Abnormal Glow Discharges. US Patent # 5,502,354. 26.03.1996

[Cor 06] *http://tesla3.com/free_websites/zpe_correa.html*

[DPG 05] Grafik zum Weltenergieverbrauch: *http://www.uni-saarland.de/fak7/fze/AKE_Archiv/DPG2005-AKE_Berlin/Vortraege/DPG2005_AKE2.1Kranzmann_KCO2freieKraftwerke.pdf*

[Eck 86] Biased unitized motor alternator with stationary armature and field; John W. Ecklin, US Patent 4,567,407, 28.01.1986

[Fak 12] YouTube-Video zu einem angeblichen Raumenergiekonverter nach Professor Turtur, aber ich kenne weder den Aufbau noch den Ersteller des Videos: *http://www.youtube.com/watch?v=iTIHqAi_FC4*

[Hai 08] Quantum vacuum energy extraction, 27. Mai 2008, Bernhard Haisch und Garret Moddel, US Patent # 7,379,286

[Har 12] Die Kristallbatterie – Freie Energie; Guy Hary, 17.03.2012, dazu persönliche Mitteilungen, *http://www.zeitfokus.de/component/k2/item/1470-die-kristallbatterie-freie-energie*

[Hor 10] Proposal for a test of a motionless zero-point-energy converter; Claus W. Turtur and Johannes Horvath, 04.06.2010 *http://www.philicirkacom/display_observation.php?observation_id=61*

[Hur 40] The Invention of Hans Coler, Relating To An Alleged New Source Of Power. R. Hurst, B.I.O.S. Final Report No. 1043, B.I.O.S.Trip No. 2394; B.I.O.S. Target Number: C31/4799, British Intelligence Objectives Sub-Committee

[Jeb 06] Die Urkraft aus dem Universum, Klaus Jebens; Jupiter-Verlag, 2006. ISBN 3-906571-23-8; 2. Auflage. 2013. ISBN 978-3-906571-27-0

[Jin 69] Means for Shielding and unshieldung permanent magnets and magnetic motors utilizing same. US Patent 3469130, James E. Jines und James W. Jines, 23.09.1969

[Joh 80] Amazing Magnet-powered Motor, Bericht von Jorma Hyypia; Science and Mechanics, Spring 1980, Vol. 45

[Kin 75] Permanent magnet motion conversion means, Robert W. Kinnison; US Patent 3,889,703, 12.08.1975

[Kos 10] Persönliche Gespräche mit Fjodor Kosyrew, dem Sohn von Nikolai Kosyrew. Man kann das aber auch im Internet finden.

[Lam 97] Demonstration of the Casimir force in the 0.6 to 6 μm range; Steve K. Lamoreaux, Phys. Rev. Lett., Vol. 78, Issue 1, Jan-6-1997, S. 5–8; DOI: 10.1103/PhysRevLett.78.5

[Lam 05] Das Vakuum kommt zu Kräften: Der Casimir-Effekt, Astrid Lambrecht, Physik in unserer Zeit, Vol. 36, Issue 2, S. 85–91

[Mag 13] Bildquelle für das Bild »Elektromagnet zieht Eisen an« *http://fotowettbewerb.hispeed.ch/original/533033/da_wird_entladen/schrott_kran_Prozent20krananlage_metall_industrieanlage_magnet_magnetkran.jpg*

[Mie 84] Kompendium Hypertechnik. Tachyonenenergie, Hyperenergie, Antigravitation. Sven Mielordt, Berlin, 1984; Nachdruck der 4. Auflage vom raum&zeit Verlag, ISBN 3-89005-005-0

[Mie 87] Vorrichtung oder Verfahren zur Erzeugung eines periodisch länger unterbrochenen Magnetflusses zwecks Freisetzung von nutzbarer Energie aus Hysteresewerkstoffen oder Dauermagneten. Patent »DE3606251A1« vom 10.09.1987 von Sven Mielordt.
Siehe auch *http://www.patent-de.com/19870910/DE3606251A1.html*

[Min 88] Magnetic rotation apparatus, Kohei Minato, US Patent 4751486, 14.06.1988.
Magnetic rotation apparatus, Kohei Minato, US Patent 5594289, 14.01.1997

[MIT 12] Thermoelectrically Pumped Light-Emitting Diodes Operating above Unity Efficiency. Parthiban Santhanam, Dodd Joseph Gray, Jr., and Rajeev J. Ram; Phys. Rev. Lett. 108, 097403 (2012), *http://prl.aps.org/abstract/PRL/v108/i9/e097403*

[Mor 33] Mit neuen Antriebskräften in die Zukunft, Reinhold Siebenstern, 1984, Gewaltfreie Aktion Graben. Auch: Freie Energie – Die Revolution des 21. Jahrhunderts, Jeanne Manning, ISBN 3-930243-04-0

[Mul 03] Muller Power Inc., Wilhelm Johann Friedrich (Bill) Muller, Patent am 22.04.2003, zu finden in 2010 unter *http://mullerpower.com/index2.php*

[New 10] The Energy Machine by Joseph Newman; anno 2010 zu finden unter *http://www.josephnewman.com/*

[Nie 83] Konversion von Schwerkraft-Feld-Energie. Revolution in Technik, Medizin, Gesellschaft. Von Hans A. Nieper, MIT-Verlag, Oldenburg, 1983, 4. erw. Auflage, ISBN 3-925188-00-2

[Pal 80] N-Maschine von Bruce DePalma since 1980
http://expliki.org/wiki/Bruce_DePalma
http://www.borderlands.de/energy.n-machine.php3 (und dort weitere Quellen)

[Pen 96] The Quantum Dice: An Introduction to Stochastic Electrodynamics; Luis de la Peña, Ana María Cetto, Kluwer Academic Publishers, 1996, Dordrecht, The Netherlands, ISBN 0-7923-3818-9

[Pla 48] Zitat aus Max Planck: »Wissenschaftliche Selbstbiographie«, Johann Ambrosius Barth Verlag, Leipzig, 1948, S. 22

[Put 76] Energy conversion system, J. William Putt; US Patent 3992132, 16.11.1976

[Rei 11/12] Marcus Reid, München, persönliche Mitteilungen

[Ret 14] *Energie ohne Ende* von Andreas von Rétyi: ISBN-10-386-445-514-6
https://www.kopp-verlag.de/Energie-ohne-Ende.htm?websale8=kopp-verlag.01-aa&pi=C5849987

[Roc 12] Artikel im Rockefeller-Magazin
http://www.rockefeller-news.com/30898/grosses-interesse-an-anfrage-i-s-freie-raumenergie-an-bundeskanzlerin-merkel/

[Sza 13] Bericht über den Raumenergiekonverter nach Professor Szabo, gefunden im Internet in 2013 unter:
http://www.new-focus.ch/products.asp?CatID=30&SubCatID=158&ProdID=255

[Tag 13] Altmaier schwimmt die Energiewende davon, von Dagmar Dehmer im Tagesspiegel, in 2013 zu finden unter: *http://www.tagesspiegel.de/politik/stromabwaerts-altmaier-schwimmt-die-energiewende-davon/7960464.html*

[Ter 08] *http://www.terawatt.com*
Da die Seite im Internet von Zeit zu Zeit immer wieder verschwindet und dann irgendwann wieder auftaucht, ist die sicherste Rekonstruktion über eine sogenannte Wayback Machine (Internetarchiv) möglich, zum Beispiel über *https://archive.org/web/web.php*

[Var 10] Firmen-Information der Firma Varta

[Vel 05] Welten im Zusammenstoß, von Immanuel Velikovsky, published by Julia White ©2005, zum Beispiel 3. Auflage 2012, ISBN 978-3934402-91-1

[Vol 86] Patentschrift »Energiewandler mit Magnetkernzwischenspeicher«;
http://www.patent-de.com/19860717/DE3501076A1.html
Dokumentenidentifikation DE3501076A1 17.07.1986
Anmelder Volkrodt, Wolfgang, Dr.-Ing., 8740 Bad Neustadt
Erfinder Volkrodt, Wolfgang, Dr.-Ing., 8740 Bad Neustadt
DE-Anmeldedatum 15.01.1985, DE-Aktenzeichen 3501076
Offenlegungstag 17.07.1986, Veröffentlichungstag im Patentblatt 17.07.1986
IPC-Hauptklasse H01F 27/00 , IPC-Nebenklasse H02K 1/06]

[Wan 12] Anfrage »Alternative Energiequelle aus Raumenergie« direkt zur Kanzlerin, gefragt von Marco Wanitschek am 22.03.2012; *http://www.direktzu.de/kanzlerin/messages/alternative-energiequelle-aus-raumenergie-38475*

[Wik 13] *http://de.wikipedia.org/wiki/Elektrochemische_Spannungsreihe*

[Wik 13b] *http://de.wikipedia.org/wiki/Akkumulator*

[Wik 13c] *http://de.wikipedia.org/wiki/Immanuel_Velikovsky*

[Wik 13d] *http://de.wikipedia.org/wiki/David_Bohm*

[Wik 14] *http://de.wikipedia.org/wiki/Dunkle_Energie*
http://de.wikipedia.org/wiki/Dunkle_Materie

[Wis 01] Coulomb motor by rotation of spherical conductors via the electrostatic force. Anders O. Wistrom und Armik V. M. Khachatourian (Experiment aus 2001); Applied Physics Letters, Vol. 80, No.15, 2800 (publiziert am 15.04.2002)

[Wis 02] Erratum: »Coulomb motor by rotation of spherical conductors via the electrostatic force«, Anders O. Wistrom und Armik V. M. Khachatourian; Applied Physics Letters, Vol. 81, No. 25, 4871 (16.12.2002)

5.2 Anmerkungen

1) Leider geistert eine schier unüberschaubare Vielzahl an Begriffen durch den Blätterwald. Freie Energie, Äther, Ätherenergie, Quintessenz, Dunkle Energie, Vakuumenergie, Vakuumfeldenergie, Nullpunktsenergie, Orgonenergie und viele andere mehr. Einige davon klingen physikalisch, andere nach Scharlatanerie. Allein der Wildwuchs des Vokabulars drückt schon die Notsituation des Fachgebietes aus: Hier arbeiten Abertausende oder gar Millionen von Menschen, alle einzeln oder in kleinen Gruppen, und jeder hält sich für besonders schlau und kocht sein eigenes Süppchen. Auf diese Weise wird ernsthaftes wissenschaftliches Arbeiten fast flächendeckend verhindert.

2) Ein Fußball zum Beispiel ist Energie nach Einsteins Masse-Energie-Äquivalenz, und man könnte theoretisch (nicht praktisch) seine Masse in reine Energie umwandeln. Zusätzlich kann er aber auch noch Energie erhalten, wenn man ihn kräftig kickt. Das ist dann diejenige kinetische Energie, mit der er über den Fußballplatz fliegt.

3) Ein Nanogramm ist ein Milliardstel Gramm.

4) Der Radius des Universums (*https://de.wikipedia.org/wiki/Universum*) wird mit mindestens 45 Milliarden Lichtjahren angegeben. Das sind $R = 4{,}256 \cdot 10^{26}$ Meter. Daraus ergibt sich ein Kugelvolumen von $4/3 \cdot \pi R^3 = 7{,}7 \cdot 10^{79} m^3$=77 000 000 000 000 000 000 000 000 000 000 000 000 000 000 000 000 000 000 000 000 000 000 000 000 000 000 Kubikmeter.

5) Immer wieder fragen mich Menschen: Wie muss ich mir das denn vorstellen? Ist das eine andere Wellenlänge als sichtbares Licht? Nein, so einfach ist es nicht. Sichtbares Licht ist ein Spektrum voller Wellenlängen, und Raumenergie ist ein anderes Spektrum, ebenfalls voller Wellenlängen. Beide existieren nebeneinander – eben in unterschiedlichen Quantenzuständen. Den Quantenzustand 1 sehen die menschlichen Augen, den Quantenzustand 0 sehen sie nicht.

6) Das geht nur bei nachgeführter, permanent optimaler Ausrichtung der Solarzellen, bei bestem Wetter und in Hochlagen. Außerdem geht wegen des sehr bescheidenen Wirkungsgrades der Photovoltaik der größte Teil dieser Energie verloren, ohne nutzbar gemacht werden zu können.

7) Kleiner skalieren lässt sich ein Raumenergiemotor sehr schlecht, wohingegen eine Vergrößerung der Maschine in der Regel gar kein Problem ist. Das hat technische Gründe, die wir im weiteren Verlauf des vorliegenden Buches erläutern werden. Eine Maschine mit 50 bis 100 PS zum Betrieb eines Autos ist realistisch. Eine kleine Mini-Maschine mit 5 bis 10 Watt zum Betrieb einer Elektrozahnbürste ist unrealistisch. Deshalb wird man einzelne Autos oder einzelne Häuser autark betreiben können, nicht aber einzelne Elektrogeräte. Stromleitungen über Land können verschwinden, aber die Stromkabel und Steckdosen innerhalb jedes einzelnen Hauses werden weiterhin benötigt.

8) Auch Physikerkollegen mit der Spezialisierungsrichtung »Wissenschaftsgeschichte« (Fachhistoriker der Physik) sind an mich herangetreten und haben mir erklärt, dass es sie im Rückblick durch die Jahrhunderte und Jahrtausende überhaupt nicht wundert, dass die Wissenschaftscommunity von neuem Wissen wie meinem nichts hören will. Das »Galileo Galilei«-Syndrom ist offensichtlich eine Fehlschaltung im menschlichen Gehirn und somit zeitlos.

9) Hier ist ein Zitat aus einer E-Mail, die ein Bürger mir zur Kenntnis brachte, nachdem er einen Physikprofessor an einer Universität um inhaltliche Stellungnahme zum Thema Raumenergie gebeten hatte: »Und wie steht es mit den im Verstande so Armseligen, die nicht begreifen können, dass es so etwas wie Raumenergie gar nicht geben kann? Denen ist wohl nicht zu helfen, denn: Zu viel Quatsch im Gehirne macht Matsch aus der Birne.« Die Antwort des Physikers, die ich hier zitiere, ist nicht die Spitze eines Eisbergs, sondern fast typisch für viele ähnliche Antworten. Wir danken dem Herrn Kollegen für seine fundierte inhaltliche Stellungnahme.

10) Das MIT (Massachusetts Institute of Technology) gilt derart massiv als eines der absolut führenden Spitzeninstitute weltweit, dass inzwischen sogar andere Institute, die gerne etwas auf sich halten möchten, den Namen nachahmen. Das in Deutschland bekannteste Beispiel dafür ist das KIT (gehört zu einer Eliteuniversität), das jetzt »Karlsruher Institut für Technologie« heißt.

11) Ganz allgemein möchte ich die Begriffe »Overunity«-Maschine und Selbstläufer kurz erläutern: Die »Overunity«-Maschine ist eine Maschine, die in Bezug auf klassische Energieformen einen Wirkungsgrad von mehr als 100 Prozent hat. Für jede Kilowattstunde, die man an klassischer Leistung hineinsteckt, bekommt man mehr als eine Kilowattstunde an klassischer Leistung heraus. Die hinzugewonnene Differenz wird der Raumenergie entnommen, also der unsichtbaren Energie des Raumes. Der Selbstläufer ist eine Raumenergiemaschine die gar keinen klassischen Energieinput braucht und vollständig aus Raumenergie angetrieben wird. Dabei ist es egal, wie viel Energieoutput der Selbstläufer hat, wichtig ist nur, dass er keinen Energieinput aus klassischer Energie hat. Rein theoretisch kann man »Overunity«-Maschinen in Selbstläufer umbauen, wenn man dem Output die für den Input nötige Leistung (100-Prozent-Marke) entnimmt und nur den Überschuss (also den Anteil oberhalb der 100-Prozent-Marke) dem Verbraucher zuführt. Rein praktisch gelingt dies nur, wenn der Wirkungsgrad weit genug über 100 Prozent liegt, um nicht nur die 100 Prozent für den Input zur Verfügung zu stellen, sondern auch die Verluste der Energierückführung (Reibung, ohmsche Verluste etc.).

12) Wer in der englischsprachigen Literatur nach »Raumenergie« recherchiert, findet sie unter dem Namen »Zero point energy«.

13) Streng genommen vollführt das Pendel einer Uhr keine harmonische Schwingung. Das Pendel tut das nur in guter Näherung, wenn die Ausschläge (die Bewegungen) sehr klein sind. Aber zur Veranschaulichung ist es als Beispiel erlaubt.

14) Bei den elektromagnetischen Wellen im Vakuum wird noch immer darüber diskutiert, ob es ein Ausbreitungsmedium gibt, dessen Partikel schwingen, wenn Licht hindurchläuft. Eine Zeitlang hat man den sogenannten »Äther« dafür postuliert, hat ihn dann aber aufgrund von Unklarheiten im Ätherkonzept zugunsten der Annahme verworfen, es seien elektrische und magnetische Felder, die dort schwingen. Wenn dem wirklich so ist (wovon man heute ausgeht), dann muss das Vakuum elektrische und magnetische Felder enthalten und somit elektrische und magnetische Feldenergie. Diese ist zwangsläufig ein Bestandteil der Raumenergie.

15) Als Stehwellen bezeichnet man Wellen, die beim Umkehren aufgrund der Reflexion (zum Beispiel an den Metallplatten) exakt phasenrichtig in sich selbst zurücklaufen. Fast alle Menschen haben das als Kinder probiert, wenn man ein Gummiseil an einer Türklinke festbindet und anfängt, es so zu schütteln, dass sich die Schwingung ganz stark aufschaukelt.

16) Typische Abstände, bei denen der Casimir-Effekt bedeutsam wird, liegen im Bereich von Nanometern, also Millionstel Millimetern, höchstens im Bereich weniger Mikrometer, also weniger tausendstel Millimeter.

17) Kleine Objekte der Quantenphysik lassen sich wahlweise als Welle oder als Teilchen betrachten. Wenn wir zum Beispiel Licht als Welle betrachten, so sprechen wir von elektromagnetischen Wellen; betrachten wir Licht hingegen als Teilchen, so sprechen wir vom Photon. Auch auf Elementarteilchen mit Ruhemasse wird der Teilchen-Welle-Dualismus angewandt, zum Beispiel auf Elektronen.

18) Der Begriff der Vakuumpolarisationsereignisse gehört in die Terminologie der Quantenelektrodynamik, zu der unter anderem auch spezielle Rechenmethoden gehören, zum Beispiel das sogenannte Feynman-Kalkül. Dies ist ein hochkomplexes Kapitel der Physik, das von der Sichtweise der klassischen Physik weit entfernt liegt.

19) Die Messungen, die die Astrophysiker an dieser Stelle machen, bestimmen die Zunahme der Geschwindigkeit, mit der das Universum expandiert. Jene Geschwindigkeit, mit der die Galaxien von uns wegfliegen, misst man anhand der Dopplerverschiebung charakteristischer Atomdampfspektren. Den Dopplereffekt, der der Dopplerverschiebung zugrunde liegt, kennen wir auch aus dem Straßenverkehr: Wenn ein Auto an uns vorbeifährt, dann hören wir in der Phase der Bewegung, während der sich das Auto uns annähert, die Fahrgeräusche mit einer anderen Frequenz (das heißt mit einem höheren Ton) als zu der Zeit, in der das Auto von uns wegfährt. Die Verschiebung des Tons kann man als Maß für die Bewegungsgeschwindigkeit des Autos verwenden, sofern man die Frequenz des Tones kennt, mit dem der Fahrer das Fahrgeräusch hört. Dem akustischen Dopplereffekt des Autos entspricht ein relativistischer Dopplereffekt im optischen Bereich. Mit diesem lassen sich die Bewegungsgeschwindigkeiten der Sterne messen, sofern wir wissen, mit welchen Frequenzen bzw. Wellenlängen die Sterne das Licht aussenden. Und dieses Wissen haben wir eben bei charakteristischen Atomdampfspektren, wie man sie aus der Atomphysik kennt. Das heißt nicht, dass die Sterne nur diese charakteristischen

Atomdampfspektren aussenden, aber wenn man genau diese im Licht ausfindig machen kann, kann man sie auswerten.

20) Wayback-Maschinen sind Internetarchive, in denen Internetseiten von Zeit zu Zeit abgespeichert werden, sodass man den Stand der jeweiligen Seite zum Speicherungstag rekonstruieren kann. Zum Beispiel: *web.archive.org/*. Auf diese Weise wird erreicht, dass gelöschte Seiten nicht immer vollständig verloren gehen (sofern sie abgespeichert wurden).

21) Nicht alle diese Versuche sind von hohem wissenschaftlichem Niveau, aber die Vielzahl der Menschen, die sich damit befassen, demonstriert, wie sehr die Leute sich Fortschritte in der Raumenergieforschung wünschen.

22) Den Begriff der Raumenergie habe ich später im persönlichen Gespräch mit Dr. Thorsten Ludwig kennengelernt, dem Präsidenten der Deutschen Vereinigung für Raumenergie (DVR).

23) Unter einem Magnetmotor versteht man in der Raumenergiegemeinde einen Motor, bei dem die Kräfte zwischen Magneten dazu führen, dass eine endlose Bewegung aufrechterhalten wird, ohne dass klassische Energie zugeführt werden muss.

24) Bei einem normalen klassischen Transformator gibt es eine Primärspule und eine Sekundärspule. Die Primärspule wird mit elektrischer Leistung versorgt und aus der Sekundärspule wird elektrische Leistung entnommen. Beim normalen klassischen Transformator ist die aus der Sekundärspule entnehmbare Leistung immer kleiner als die der Primärspule zugeführte elektrische Leistung. Beim Marinov-Transformator ist es genau umgekehrt, sodass der Sekundärspule mehr elektrische Leistung entnommen werden kann, als der Primärspule zugeführt werden musste.

25) Die klassische Elektrodynamik von Maxwell ist diejenige Standardtheorie, nach der heute die Phänomene der Elektrizitätslehre theoretisch beschrieben werden. Nach ihr konstruieren unter anderem auch die Elektroingenieure klassische Elektromotoren, wie man sie in Bohrmaschinen, Waschmaschinen und Küchenmixern findet.

26) Zu Deutsch: »thermoelektrisch gepumpte Leuchtdioden, die mit einem Wirkungsgrad oberhalb von 100 Prozent arbeiten«. Es handelt sich um winzig kleine Leuchtdioden, die elektrisch versorgt werden und Licht abgeben. Dabei ist die erzeugte Lichtleistung (der Energieoutput) größer als die elektrische Leistung (der Energieinput) zum Antrieb der Leuchtdioden.

27) Diese Erläuterungen beziehen sich auf die sogenannten Hauptsätze der Thermodynamik. Der erste Hauptsatz der Thermodynamik ist schlicht und ergreifend die Energieerhaltung, also eine inzwischen fundamental bekannte Aussage, zu der das Wissen gehört, dass man zwei Energieformen ineinander umwandeln, niemals aber die Summe aller an einem physikalischen Vorgang beteiligten Energien verändern kann. So wandelt man zum Beispiel in einer Wärmekraftmaschine einen Teil der zur Verfügung stehenden Wärmeenergie in mechanische Energie um, wobei aber die

Summe aus Wärmeenergie und mechanischer Energie immer konstant bleibt. Für den ersten Hauptsatz der Thermodynamik sind immer sämtliche an einem Vorgang beteiligten Energieformen zu berücksichtigen. Wandelt man zum Beispiel bei einer Glühbirne elektrische Energie in Licht und Wärme um, so müssen alle drei aufgezählten Energieformen berücksichtigt werden, um die Energieerhaltung zu verifizieren. Bei einer Kerze brauchen wir keinen elektrischen Strom, und dennoch leuchtet die Flamme. Im Sinne der Energieerhaltung wird dabei chemische Energie (durch das Verbrennen des Wachses) in Licht und Wärme umgewandelt. Bei einem Raumenergiewandler muss die für uns unsichtbare Energieform der Raumenergie ebenfalls im Energieerhaltungssatz berücksichtigt werden. So weit der erste Hauptsatz der Thermodynamik. Nun zum zweiten Hauptsatz der Thermodynamik: Die soeben genannte Wärmekraftmaschine wandelt nur einen Teil der zugeführten Wärmeenergie in mechanische Energie um, aber es bleibt immer ein weiterer Teil an Wärmeenergie übrig, der als Abwärme über einen Kühler abgeführt werden muss. Deswegen haben zum Beispiel Automotoren Kühler und große Heizkraftwerke Kühltürme. Mithilfe des zweiten Hauptsatzes der Thermodynamik lässt sich ausrechnen, wie groß der Anteil der Wärmeenergie ist, der in mechanische Energie umgewandelt werden kann, und welcher Prozentsatz der zugeführten Wärmeenergie über den Kühler abgeheizt werden muss. In einer etwas theoretischer formulierten Grundlage wird im Zusammenhang mit dem zweiten Hauptsatz der Thermodynamik der Begriff der »Entropie« eingeführt, der anschaulich als Maß für die Unordnung der Bewegung der Atome und/oder Moleküle vermittelt wird. Bei der Wärmeenergie sausen die Teilchen kreuz und quer durcheinander (hier ist Unordnung in der Bewegung vorhanden), wohingegen bei der reinen mechanischen Bewegung die Teilchen (aus denen zum Beispiel ein Rotor eines Motors besteht) in völliger Regelmäßigkeit miteinander bewegt werden (hier ist extrem wenig Unordnung in der Bewegung vorhanden). Zu den Aussagen des zweiten Hauptsatzes der Thermodynamik gehört auch diejenige, dass (in Abhängigkeit von verschiedenen Temperaturen im System) nicht einfach beliebige Mengen ungeordneter Bewegung (thermischer Energie) sich selbsttätig ordnen können. Gegen den zweiten Hauptsatz der Thermodynamik würde das nachfolgende Beispiel verstoßen: Wir stellen ein Glas Wasser auf einen Tisch und warten. Dabei schauen wir zu, wie sich plötzlich eigenmächtig Eiswürfel auf der Wasseroberfläche bilden und das Wasser unten drunter anfängt zu kochen. Aus der Sicht der Energieerhaltung (aus dem ersten Hauptsatz der Thermodynamik) wäre dieses Beispiel kein Problem, da die Energie, die das kochende Wasser zum Kochen benötigt, den Wassermolekülen entzogen wird, die zu Eiswürfeln abkühlen. Der Einfachheit halber nehmen wir nun ein Sieb, fischen die Eiswürfel heraus, und fertig ist das sprudelnd kochende Teewasser, dass man nun auch nutzen könnte, um eine Dampfmaschine anzutreiben. Mit einer solchen Dampfmaschine könnte man einen Automotor betreiben, für den man Wasser tankt und als »Abfall« einfach saubere Eiswürfel auf die Straße fallen lässt. Dass so etwas nicht geht, liegt auf der Hand, und um diese Tatsache der Unmöglichkeit eines solchen Motors physikalisch zu beschreiben, kann man den zweiten Hauptsatz der Thermodynamik heranziehen. Und nun kommen wir mit diesem Wissen zur Diskussion der kleinen Leuchtdioden in dem genannten MIT-Experiment: Ein Wirkungsgrad von mehr als 200 Prozent bedeutet entweder, dass nach dem ersten Hauptsatz der Thermodynamik die Raumenergie als Energieform hinzugezogen werden muss, um die Erfüllung des Energieerhaltungssatzes zu gewährleisten (die Summe aus elektrischer Energie, gewandelter Raumenergie und Lichtenergie ist dann konstant), oder aber (falls man das Thema der Raumenergiewandlung vermeiden möchte), dass der Umgebung Wärme entzogen wird und somit die Summe aus elektrischer Energie, gewandelter Wärmeenergie und Lichtenergie konstant ist, sodass eine Betrachtung der Raumenergie überflüssig wird. Diese letztgenannte Sichtweise würde aber dem zweiten Hauptsatz der Thermodynamik zuwiderlaufen, sofern es keine Möglichkeit gäbe, irgendwo die überschüssige Entropie auszugleichen, sodass jetzt mit dem unsichtbaren Raum des Quantenvakuums nicht Energie, sondern Entropie ausgetauscht werden muss, um den zweiten Hauptsatz der Thermodynamik zu erfüllen. Das heißt im Klartext: Sofern man das Thema der »Raumenergiewandlung« vermeiden will, muss man zur Erfüllung des zweiten Hauptsatzes der Thermodynamik das Thema »Raumentropiewandlung« akzeptieren.

28) Das sind jene Wellen, die ich in meinen Überlegungen zur Raumenergiewandlung als Grundlage voraussetze und die auch für die Kräfte des Casimir-Effekts verantwortlich sind.

29) Ich habe hier nur als Beispiel einige der quantenphysikalischen Effekte aufgezählt, die aus der stochastischen Elektrodynamik hergeleitet worden sind, einfach um zu veranschaulichen, was diese Theorie zu leisten imstande ist. Für das Lesen des vorliegenden Buches ist es nicht nötig, diese einzelnen physikalischen Effekte zu kennen oder zu verstehen. Die Aufzählung dient schlicht und ergreifend nur der Betonung der Leistungsfähigkeit der SED-Theorie.

30) Diese Aussage hat insofern eine besondere Tragweite, als dass unter Physikerkollegen immer wieder die Frage diskutiert wird, inwiefern es möglich ist, aus dem Grundzustand des Quantenvakuums Energie zu entziehen – in Anbetracht des Begriffs »Grundzustand« als dem energetisch niedrigsten Zustand eines Systems. Dies ist natürlich nicht möglich, indem man einen Übergang zu einem niedrigeren Energieniveau durchführt, sondern man muss dazu den Grundzustand als solchen ändern. Wie dies zu geschehen hat, darüber habe ich in zahlreichen Fachpublikationen geschrieben, und wir werden auch im weiteren Verlauf des Buches noch ein wenig darauf eingehen.

31) Ein Elektrolyt ist eine Flüssigkeit, die Ionen enthält. Bringt man zum Beispiel zwei unterschiedliche Metalle damit in Kontakt, so fließen die Ionen und damit fließt Ladung. Der Stromfluss kann (bei geeignetem Aufbau) als Batterie genutzt werden.

32) Die Energiedichte ist definiert als Energie pro Volumen, sie gibt also an, wie viel Energie man pro Kubikmeter Gerät oder Anordnung herausholen kann. Obwohl die Kristallzellen relativ viel Platz brauchen, ist ihre Energiedichte dennoch ziemlich

hoch, und zwar weil die gesamte Energie für einen Betrieb über Jahrzehnte von Anfang an in der Kristallzelle gespeichert sein muss.

33) Deshalb ist die Einheit der magnetischen Feldstärke das »Ampere pro Meter«. Man schaut im Grunde genommen, wie groß der Strom ist (Ampere), der in einer gewissen Entfernung von soundsoviel Metern fließt.

34) Die Grafik zeigt einen zweidimensionalen Schnitt in der Papierebene durch die dreidimensionalen Kugelschalen, und zwar den Schnitt, bei dem die punktförmige Ladung »Q« in der Schnittebene liegt.

35) Die Energiedichte (Einheit: Joule pro Kubikmeter) gibt an, wie viel Energie pro Volumen vorhanden ist. Multipliziert man diese Energiedichte mit einem betrachteten Volumen, so erhält man die Energie in dem betrachteten Volumen. Weil die Feldstärke und damit die Energiedichte nicht überall im Raum gleich ist, führt man diese Multiplikation als Integration aus.

36) Trotzdem möchte ich daran erinnern, dass im Laufe der Jahre und Jahrmillionen die gesamte Raumenergie des Universums permanent abnimmt und die Feldenergie permanent zunimmt. Es ist kein vollständiger Ausgleich zwischen Raumenergie und Feldenergie vorhanden. Tatsache ist nämlich, dass die Ausbreitung des Feldes (logischerweise) genau in dem Moment beginnt, in dem die Ladung (oder der Magnet) zu existieren beginnt. Das kann bei einem Dauermagneten der Moment der Herstellung des Magneten sein. Das kann bei einem geladenen Elementarteilchen der Moment der Entstehung des Universums sein oder der Moment, in dem das Elementarteilchen in einem physikalischen Experiment erzeugt wurde. Auf jeden Fall ist klar, dass das Feld genau in dem Moment anfängt sich auszubreiten, in dem der Magnet oder das Teilchen anfängt zu existieren. Warten wir nun ab diesem Moment genau ein Jahr, so füllt das Feld inzwischen eine Kugel mit dem Radius von einem Lichtjahr aus. Warten wir noch ein weiteres Jahr, so ist die mit Feld und Feldenergie ausgefüllte Kugel inzwischen schon bei einem Radius von 2 Lichtjahren angelangt. Die Konsequenz ist: Auch wenn sich während des Ausbreitens des Feldes permanent ein erheblicher Teil der von der Ladung oder vom Magneten ausgesandten Feldenergie in Raumenergie zurückwandelt, so bleibt doch immer ein gewisser Betrag von Feldenergie im Raum übrig, sodass aufgrund der Zunahme des vom Feld erfüllten Raumes die gesamte Feldenergie des Feldes permanent wächst. Das heißt, dass fortwährend von der Ladung oder vom Magneten eine gewisse Menge an Energie pro Zeit aus dem Raum entnommen wird, aber weniger als diese pro Zeit entnommene Energie in Raumenergie zurückgewandelt wird. Dies ist eine physikalische Beobachtung, die in die Gruppe derjenigen Phänomenen gehört, die nicht umkehrbar im Laufe der Zeit sind. Man kann dies im Zusammenhang mit dem zweiten Hauptsatz der Thermodynamik betrachten, der sich unter anderem auch mit dem Unterschied zwischen zeitlich reversiblen und irreversiblen Vorgängen befasst. Dem Ausbreiten der Felder im Raum als unabdingbare Grundlage jeglicher Magneten und jeglicher elektrostatischen Felder (in Analogie geht es bei der Gravitation in gleicher Weise) müsste also eine Entropie-Zunahme zugeordnet werden können, sofern es gelingt, den Begriff

der Entropie auf die Ausdehnung von Feldern anzuwenden. Dies sollte kein allzu großes Problem sein, denn in der Volumenzunahme eines Gases steckt bekanntlich eine Zunahme der Entropie, und in der Volumenzunahme eines Feldes funktioniert es genauso. Nebenbei bemerkt definiert übrigens die Zunahme der Entropie die Laufrichtung der Zeit, sodass die Feldausbreitung auch eine fundamentale Rolle beim Verständnis der physikalischen Entität der »Zeit« spielt. Dadurch entsteht ein Zusammenhang zu den Arbeiten des Nikolai Kosyrew (von der Russischen Akademie der Wissenschaften) und seinem Begriff der »Zeitenergie«.

37) Im Übrigen haben wir im Zusammenhang mit der beschleunigten Expansion des Universums die Tatsache diskutiert, dass in der Astrophysik eine der Auswirkungen der Raumenergie auch dadurch entdeckt wurde, dass die Sterne und Galaxien im Universum entgegen der Schwerkraft beschleunigt voneinander wegfliegen. Auch hier wird permanent Raumenergie in potenzielle Energie (Hubarbeit) und kinetische Energie (der Bewegungen der Sterne) gewandelt. Nicht nur die soeben besprochenen, sich ausbreitenden Magnetfelder und elektrostatischen Felder führen dazu, dass im Universum permanent Raumenergie in andere Energieformen umgewandelt wird, sondern es gibt noch weitere Beobachtungen dieser Art; eine davon wurde zum Beispiel gemessen anhand der beschleunigten Expansion des Universums. Offensichtlich besteht zwischen der permanenten Abnahme der Raumenergie im Universum und der Zeitlaufrichtung ein Zusammenhang.

38) Maschinenbauingenieure kennen verschiedenste Arten der Lagerung, wie zum Beispiel Kugellager. Im hier vorliegenden Fall ist das Drehmoment aber derart winzig, dass man keine Standardlager verwenden kann, sondern nach besonderen Lagerungsarten suchen muss, zum Beispiel Luftlagerung, Magnetlagerung, hydrostatische Lagerung. Die letztgenannte hat sich als die bequemste erwiesen.

39) Beim Biefeld-Brown-Effekt folgen nämlich die Ionen den elektrostatischen Feldgradienten, und die sind am stärksten an den Spitzen und Kanten. Man kennt das unter dem Namen »Spitzenladungseffekt«.

40) In einer Vakuumkammer kann man kein Wasser (zum Beispiel als Lagerung) verwenden, weil das Wasser verdampft und dadurch das Vakuum extrem beeinträchtigt, so stark nämlich, dass man nicht mehr von einem brauchbaren Vakuum sprechen kann.

41) Und wahrscheinlich war diese Gemeinde dem Kollegen, der mit seiner Forderung meine Zusatzaufgabe definiert hatte, auch völlig unbekannt, sonst hätte er seine Forderung als »Overunity«-Nachweis formulieren können.

42) Sowohl der Vakuumpumpstand als auch das Picoamperemeter machen natürlich technisch einen erheblichen Aufwand, den ich privat nicht bewältigen hätte können. Solange es irgend möglich war, habe ich immer meine Aufgaben mit privaten Bordmitteln gelöst. Sobald dies nicht mehr möglich war, musste ich Kollegen an einer Universität um Hilfe bitten.

43) Für Nichtphysiker sei erwähnt: In der Fachwelt ist dies ein gängiges Verfahren, um Messunsicherheiten zu charakterisieren. Details braucht man aber nicht zu verstehen, um die Ergebnisse interpretieren zu können.

44) Gelegentlich, aber wiederholt bin ich von Physikerkollegen auf ein Aufheizen des Öls aufgrund der zugeführten Energie durch die Rotation des Flügelrades angesprochen worden. Man äußerte den Verdacht, dass das Aufheizen des Öls zu einem Verdampfen des Öls führen und somit einen Gasstrom erzeugen würde, der wiederum das Flügelrad antriebe. Das wäre natürlich wunderschön, wenn dieser Verdacht eine seriöse Grundlage hätte, weil dann der Physikerkollege einen hervorragenden Raumenergiemotor erfunden hätte: Man setze einen Rotor auf Öl, dadurch verdampft das Öl und treibt den Rotor selbst an. Auch wenn es so einfach ginge, Raumenergie zu wandeln, wie sich jene Physikerkollegen vorstellen – das wäre schön. Aber im Ernst: Bei einer Heizleistung von 0,000 000 15 Watt, die der Rotor aufgrund der Reibung ins Öl einbringt, sind Gedanken an ein Aufheizen des Öls geradezu lächerlich – und daher umso mehr beruhigend, denn es zeigt, wie hilflos manche Kollegen immer noch nach Argumenten suchen, um mein Experiment zu widerlegen. Beruhigend ist die Sache deshalb, weil sie demonstriert, dass es keine ernsthaften Gegenargumente mehr gibt. Gäbe es solche, dann hätte man sie längst vorgebracht.

45) Die in eher technischer Schreibweise dargestellten Messergebnisse lassen sich für Nichtfachleute ganz einfach zusammenfassen: Wir geben etwas weniger als 3 Nanowatt an Leistung (elektrisch) hinein, bekommen aber 150 Nanowatt (mechanisch) heraus.

46) Wie man sieht, geht die Leistungsskala von 1/10 Nanowatt bis 1 000 000 Nanowatt und die Zeitskala von 100 Sekunden bis 10 000 Sekunden. Außerdem bedeuten bei der logarithmischen Skala gleiche Abständen nicht gleiche Differenzen, sondern gleiche Faktoren.

47) 30 kV/cm ist ohnehin schon eine gewaltig große elektrische Feldstärke. Wir haben zwei metallische Kontakte, die 30 000 Volt führen und nur einen einzigen Zentimeter auseinanderliegen. Bei der Steckdose hat man zwei Kontakte, die nur 230 Volt führen, dafür aber circa 2 Zentimeter auseinanderliegen. Das hat hohe Sicherheit. Aber 30 000 Volt auf 1 Zentimeter – das geht eigentlich nur, wenn man Vakuum hat.

48) Fachleute benutzen das »Tesla« als Einheit für die physikalische Größe der magnetischen Induktion, zuweilen auch magnetische Flussdichte genannt.

49) 40 m · 40 m · 40 m = 64 000 m^3. Hingegen 1,2 m · 1,2 m · 1,2 m = 1,728 m^3. Zwischen diesen beiden Volumina liegt ein Faktor von 6400/1,728 = 37 037. Das heißt, dass der Magnetkonverter in Wirklichkeit noch ein wenig kleiner wird.

50) Hoch-Tc-Supraleiter sind Supraleiter-Materialien, von denen einige bei Kühlung mit flüssigem Stickstoff bereits supraleitend werden. Im supraleitenden Zustand schirmen sie Magnetfelder genauso ideal ab, wie eine Metallplatte elektrostatische Felder abschirmt. Dadurch kann man Flügelräder aus supraleitenden Rotorblättern

in magnetischer Analogie zu den Metallflügelrädern des elektrostatischen Rotors einsetzen.

51) Diese experimentelle Feststellung war der Grund für die filmtechnische Aufnahme der lateralen Rotorbewegungen, die wir soeben im Bild gesehen haben.

52) Die Sichtweise, dass sich Änderungen der Feldstärke mit Lichtgeschwindigkeit ausbreiten, ist übrigens allgemein akzeptiert, und zwar unter dem Namen der retardierten Potenziale von Liénard und Wiechert, wie man in vielen gängigen Lehrbüchern der theoretischen Physik nachlesen kann.

53) Diesem entscheidenden Kernpunkt gab ich den Namen FPGW-Ansatz, nämlich **F**inite **P**ropagations-**G**eschwindigkeit der **W**echselwirkungsfelder.

54) Bei genauer Betrachtung zeigt sich, dass Newtons Axiom »actio = reactio« für die Integrale der Kräfte über die Zeit gilt.

55) Den Magnetkräften werden dann die Federkräfte überlagert, wobei die Federkräfte der klassischen Energieerhaltung genügen und nur dafür sorgen, dass die Bewegungen der Magneten möglichst schnell vonstatten gehen können. Die Magnetkräfte hingegen sorgen für die Wandlung von Raumenergie.

56) Diese Vorstellung lernt man bei der Herleitung der sogenannten harmonischen Schwingung in vielen Lehrbüchern. Man schreibt dabei einfach alle auftretenden Kräfte in einer Gleichung zusammen, dies ist eine sogenannte Differenzialgleichung (Laien brauchen sich mit den mathematischen Berechnungen dazu nicht abzumühen), deren Lösung tatsächlich die Bewegung der Körper in Raum und Zeit beschreibt. Wenn wir nun als Körper zwei Magneten verwenden, also im Falle zusätzlich auftretender Magnetkräfte, müssen diese Kräfte eben auch noch in die Kräftegleichung mit hineingeschrieben werden. Und da die Magnetkräfte von der Bewegung der Magneten abhängen, ergibt sich die Möglichkeit, die Raumenergiewandlung in die Differenzialgleichung der Bewegung der Magneten hineinzuschreiben.

57) Der Begriff der Amplitude ist definiert als die maximale Auslenkung. Er beschreibt also, wie stark die Feder gespannt ist in dem Moment, in dem die beiden Körper oder Magneten den maximalen Abstand zueinander einnehmen.

58) An dieser Stelle noch nicht in die theoretischen Untersuchungen einbezogen sind Überlegungen zur Materialfestigkeit, also die Frage, ob der Magnet aufgrund seiner hohen Drehgeschwindigkeit wegfliegen oder in Stücke zerplatzen würde, weil er schlichtweg die Zentrifugalkräfte nicht aushalten kann. Derartige Überlegungen werden nötig sein, um im Labor einen praktischen Aufbau herstellen zu können. Und diese Überlegungen können (und werden vermutlich auch) Änderungen in der Dimensionierung des Systems zur Folge haben müssen.

59) Die Linien zweier aufeinanderfolgender Schwingungen liegen so dicht beieinander, dass man zwischen den blauen Linien (aufgrund ihrer Strichbreite) eine weiße Farbe des Papiers nicht mehr sieht.

5.3 Register

5.4 Danksagung

Mein besonderer Dank gilt

- meiner geliebten Ehefrau für die unermüdliche praktische Hilfe, mit der sie mich beim Erstellen des Manuskripts unterstützt hat, und
- dem Kopp Verlag, vor allem Herrn J. Kopp und Frau W. Neher, für das allezeit sehr angenehme, kreative und rücksichtsvolle Miteinander. Es ist mir eine große Freude, dieses Buch beim Kopp Verlag herausbringen zu dürfen.

Mit der Informationsarbeit, möglichst vielen Leuten von der Nutzbarkeit der kostenlosen und umweltfreundlichen Raumenergie zu erzählen, leisten die Menschen, die mich bei diesem Buch unterstützt haben, einen guten Dienst für die Allgemeinheit. Auch dafür danke ich allen am Buch Beteiligten.